市政交通项目全过程
履约评价研究与应用

本书编写组

上海财经大学出版社

图书在版编目(CIP)数据

市政交通项目全过程履约评价研究与应用/本书编写组著.
—上海:上海财经大学出版社,2021.12
ISBN 978-7-5642-3899-5/F·3899

Ⅰ.①市… Ⅱ.①本… Ⅲ.①市政工程-交通工程-工程项目管理-研究 Ⅳ.①U491

中国版本图书馆 CIP 数据核字(2021)第 219223 号

□ 责任编辑　杨　闯
□ 封面设计　张克瑶

市政交通项目全过程履约评价研究与应用

本书编写组

上海财经大学出版社出版发行
(上海市中山北一路 369 号　邮编 200083)
网　　址:http://www.sufep.com
电子邮箱:webmaster@sufep.com
全国新华书店经销
江苏凤凰数码印务有限公司印刷装订
2021 年 12 月第 1 版　2021 年 12 月第 1 次印刷

710mm×1000mm　1/16　11.25 印张(插页:2)　177 千字
定价:60.00 元

《市政交通项目全过程履约评价研究与应用》

编写组

广州市中心区交通项目管理中心
广州市市政工程监理有限公司
广州建筑工程监理有限公司

顾　问：祖冠周　谭远德　朱　强　屠建伟　孙　成
　　　　肖学红
主　编：陈文旭　李雪英　王　湛
编　委：付　伟　陈亚毅　李红丽　黄继荣　蔡　宁
　　　　徐赞峰　林晓琼　杨柳超　朱章勇　陈瑞华
　　　　刘飞强　宿明科　罗颖瑶

前　言

习近平总书记在党的十九大报告中指出："我国社会主要矛盾已经转化为人民日益增长的美好生活需要和不平衡不充分的发展之间的矛盾""我国经济已由高速增长阶段转向高质量发展阶段"，这两个重大论断赋予推进供给侧结构性改革新的更高要求和更重要意义。推进供给侧结构性改革一个很重要的环节，就是要处理好政府和市场的关系，使市场在资源配置中起决定性作用和更好发挥政府作用，需要进一步简政放权、放管结合、优化服务，即深化"放管服"改革，发挥好"放管服"的重要抓手作用。

本书总结分析了"放管服"改革不断深化的总体情况，阐述了"放管服"改革深化对政府投资市政交通建设项目管理单位提出的新要求，梳理了全国有关地区在诚信评价模型与履约评价模型构建方面、在"评定分离"中的履职情况、在诚信评价信息化系统建设方面的实践探索，为研究构建广州地区政府投资市政交通建设项目合同履约评价体系、加强履约评价结果在招投标"评定分离"中的应用及提升项目管理能力提供了有益借鉴。

本文参考已有的项目诚信评价指标体系指标设置的主要方式，尝试破解当前有关诚信评价体系与履约评价体系等存在的主要问题，尤其是构建静态性评价、动态性评价相结合的评价指标体系，针对规模以上政府投资交通建设项目主要风险因素识别、主要特点与管理关键点，按照合同履约评价基本理论与指标体系构建的原则要求，探讨如何构建规模以上政府投资市政交通建设项目诚信评价指标体系。本书研究表明，随着目前项目管理的发展形势与趋势，以项目合同为主要约束限制目标，在各个管理阶段，或者在每个管理阶段内以固定的时间间隔，对服务单位履约情况进行评价，即在项目全过程管理中运用履约诚信评价模型，具有明显的可操作性和实际意义。

本书依托政府投资市政交通项目，通过政策调研、理论分析、系统开发和工程实施验证等技术手段，解决了政府投资市政交通项目建设全过程履约诚信评价体系的系列难题，形成了建设管理的全过程履约诚信评价理论模型、规模以上和规模以下业务的评价指标等核心成果，建立了履约诚信评价信息化系统，并将研究成果成功应用到实际工程中，取得了良好的应用效果。

本书可供从事工程建设的招投标人员、计划合约人员和工程管理人员参考。由于时间仓促，且作者水平有限，书中难免有错误和不当之处，敬请读者批评指正。

作 者

2021 年 6 月

目 录

第1章 绪论/1
  1.1 背景/1
  1.2 发展现状/6
  1.3 本章小结/12

第2章 市政交通建设项目履约评价基本理论/13
  2.1 市政交通建设项目合同类型/13
  2.2 规模上下市政交通建设项目合同管理的关键/15
  2.3 市政交通建设项目合同履约评价基本理论/18
  2.4 本章小结/23

第3章 规模以上市政交通建设项目合同的诚信评价体系/24
  3.1 规模以上项目合同诚信评价指标体系总体架构/24
  3.2 规模以上项目合同的诚信评价指标体系构建/25
  3.3 规模以上项目合同诚信评价评价指标权重和分值研究/27
  3.4 本章小结/31

第 4 章 规模以下市政交通建设项目合同的专业库评价体系/32

4.1 规模以下项目合同专业库评价指标体系总体架构/32

4.2 规模以下项目合同服务质量评价指标构建/35

4.3 专业库评价指标体系中评价指标权重研究/49

4.4 专业库评价指标体系中评价指标分值确定/51

4.5 本章小结/52

第 5 章 履约诚信评价结果的应用/53

5.1 在项目全过程管理中的应用/53

5.2 在履约诚信评价体系和专业库管理中的应用/55

5.3 在项目招标"评定分离"确定中标单位中的应用/58

5.4 本章小结/61

第 6 章 合同管理和履约诚信评价的信息化实现/62

6.1 合同委托的信息化管理/62

6.2 合同履约评价的信息化管理/83

6.3 专业库的信息化管理/103

6.4 本章小结/128

结束语/130

附录 1 规模以上政府投资项目合同履约评价模型清单/132

附录 2 规模以下政府投资项目合同履约评价模型清单/142

参考文献/169

第 1 章

绪 论

1.1 背 景

1.1.1 "放管服"改革不断深化

习近平总书记在党的十九大报告中指出:"我国社会主要矛盾已经转化为人民日益增长的美好生活需要和不平衡不充分的发展之间的矛盾。""我国经济已由高速增长阶段转向高质量发展阶段。"这两个重大论断赋予推进供给侧结构性改革新的更高要求和更重要意义。满足人民日益增长的美好生活需要、解决发展不平衡不充分问题、推动经济高质量发展,都要求深化供给侧结构性改革。

推进供给侧结构性改革成为当前和今后一个时期我国经济工作的主线。推进供给侧结构性改革一个很重要的环节,就是要处理好政府和市场的关系,使市场在资源配置中起决定性作用和更好地发挥政府作用,需要进一步简政放权、放管结合、优化服务,即深化"放管服"改革,发挥好"放管服"的重要抓手作用。

"放管服"改革中,"放"要求深化政府管理部门简政放权,激发市场活力和社会创造力,彻底释放该放出的政府部门权力;"管"要求推进政府监管体制改革,实施公正监管、推进综合监管、探索审慎监管,切实提高事中、事后监管的针对性和有效性;"服"要求优化政府服务,提高行政办事效率,即着力提高"双创"服务效率、着力提升公共服务供给效率、着力提高政务服务效率。总之,深化"放管服"改革对于激发市场活力和社会创造力、推动新形势下经济高质量发展具有重要意义。

党中央、国务院高度重视,采取有力举措推动"放管服"改革不断深化,把处理好政府与市场关系、转变政府职能作为全面深化改革的关键,大力推进简政放权、放管结合、优化服务。国务院每年都召开全国电视电话会议,对"放管服"改革进行部署,不断将"放管服"改革推向纵深,各地区各部门积极探索,勇于实践,形成了许多好的做法和经验,"放管服"的内涵也随着改革深入不断丰富和拓展。

"放管服"改革涉及政府各个部门、各个业务领域,工程建设领域有关工作是推进政府职能转变和深化"放管服"改革、优化营商环境的重要内容。推进工程建设领域"放管服"改革,是降低实体经济成本、促进有效投资的迫切要求。但目前工程建设项目施工报批仍然存在审批多、部门多、环节多、评估多等问题,耗费时间各地长短不一,许多审批环节是多余的、重复的,耗费企业大量时间和经营成本,改革难度也很大。工程建设领域"放管服"改革,得到了从中央到地方各级政府的高度重视,得到了强力推进。

1.1.2 "放管服"对市政交通建设管理单位提出新要求

工程建设领域"放管服"改革有关内容,包括工程建设领域的方方面面,如在项目审批方面,要求精简审批环节、规范审批事项、合理划分审批阶段等;在建设统一信息数据平台方面,要求建立完善工程建设项目审批管理系统;在统一审批管理体系方面,要求构建"多规合一"的"一张蓝图",整合申报材料,建立健全工程建设项目审批配套制度;在统一监管方式方面,要求加强事中、事后监管,加强信用体系建设,规范中介和市政公用服务等。

工程建设领域"放管服"改革,对政府投资市政交通建设项目的影响主要有以下几个方面:

一是扩大了自主权,增强了工作责任。

2019年,国家发展改革委员会发布《关于〈中华人民共和国招标投标法(修订草案公开征求意见稿)〉公开征求意见的公告》,修订内容包括落实招标人自主权。该公告进一步明确招标人在选择代理机构、编制招标文件、选择资格审查方式、委派代表进入评标委员会、根据评标结果确定中标人等方面的自主权,同时强调招标人对招标过程和招标结果的主体责任,提高招投标质量。

2018年,广州市印发《广州市工程建设项目审批制度改革试点实施方案(政府投资类)》,为深化"放管服"改革和优化营商环境的部署要求,推动政府职能转向减审批、强监管、优服务,提高政府投资工程建设项目审批的效率和质量。有关内容包括:(1)简化施工招标前置要件,在完成施工图设计的基础上,以行业主管部门批复的概算作为依据编制招标控制价,不再进行施工图预算财政评审;逐步取消招标文件事前备案,由招标人对招标文件的合法性负责。(2)优化设计招标定标办法,落实招标人负责制,工程设计公开招标可以实行"评定分离"制度。城市重要地段、重要景观地区的建筑工程、桥梁隧道工程及规划设计,以及对建筑功能或景观有特殊要求的建筑工程及桥梁隧道工程,可采用邀请招标方式或直接委托方式由相应专业院士、全国或省级工程设计大师作为主创设计师的规划设计单位承担。(3)建立事中、事后监管制度和平台。从重审批向重事中、事后监管转变,以告知承诺事项为重点,建立完善记录、抽查和惩戒的事中、事后监管制度和平台,建立健全覆盖建设单位、工程勘测、设计、施工、监理等各类企业和注册执业人员的诚信体系,进一步落实各单位的主体责任,如发现存在承诺不兑现或弄虚作假等行为并经查实的,记入企业和个人诚信档案,按规定实施联合惩戒。

2019年,广东省住房和城乡建设厅发布《关于深化房屋建筑和市政基础设施工程领域招标投标改革的若干意见(征求意见稿)》,明确提出:(1)推行招标人负责制。总结深圳市、珠海市通过立法推动开展"评定分离"改革的经验,明确招标人的法定代表人是招标活动的第一责任人,落实招标人对招标过程、招标结果的主体责任。鼓励其他地区根据当地实际,在省、市重点大型和复杂的房屋市政工程项目中试点招标人负责制,积累经验后逐步扩大试点范围。(2)落实招标人主体责任。各地要根据当地实际情况建立招标人负责制的管理制度,制定适应招标人负责制的招标、评标和定标的办法、规则,明确招标人的权利和法律责任,落实招标人主体责任,引导招标人用好招标自主权,建立规范的招标决策程序,健全招标人的工程廉政风险防控机制。

二是提出了建设诚信体系的迫切要求。

诚信体系建设是工程建设领域"放管服"深化改革的重要内容,也是保障其他改革工作顺利实施的有力支撑。诚信体系建设,是指依据评价标准,对工程施工企业从事房屋建筑和市政基础设施工程建设活动的市场经营和现场管理情况的量化评分。主要包括统一的信息收集、评价标准和评价方法,并由此得出可利用的评价结果,防止不同地区之间的"诚信壁垒"。同时,通过建立运行诚信综合评价体系,能够将建筑施工企业的行为表现予以量化,并将评价结果应用于监督管理和招投标活动,实现建筑市场和施工现场联动监管。从中央到地方不同层面,先后发布了多份关于加强工程建设领域诚信体系建设的文件。

在中央层面,2018年国务院印发《关于开展工程建设项目审批制度改革试点的通知》(国办发〔2018〕33号),提出要"整合形成'横向到边、纵向到底'的工程建设项目审批管理系统,覆盖各部门和市、县、区、乡镇(街道)各层级,实现统一受理、并联审批、实时流转、跟踪督办、信息共享";"加强信用体系建设,建立工程建设项目审批信用信息平台,建立黑名单制度,将企业和从业人员违法违规、不履行承诺的不良行为向社会公开,构建'一处失信、处处受限'的联合惩戒机制"。

2019年,国务院进一步印发《关于全面开展工程建设项目审批制度改革的实施意见》(国办发〔2019〕11号),提出"加强信用体系建设。建立工程建设项目审批信用信息平台,完善申请人信用记录,建立红黑名单制度,实行信用分级分类管理,出台工程建设项目审批守信联合激励和失信联合惩戒合作备忘录,对失信企业和从业人员进行严格监管。将企业和从业人员违法违规、不履行承诺的失信行为纳入工程建设项目审批管理系统,并与全国信用信息共享平台互联互通,加强信用信息共享,构建'一处失信、处处受限'的联合惩戒机制"。

在地方层面,各地也发布了关于加强工程建设领域诚信体系建设的多份文件,如2019年广东省住房和城乡建设厅发布《关于深化房屋建筑和市政基础设施工程领域招标投标改革的若干意见(征求意见稿)》,在施工招标择优主要要素中明确,企业信用主要包括企业(工程)获得荣誉、政府部门的诚信评价等级、建设单位的履约评价或诚信记录、违法行为处罚记录以及其他失信记录等因素。

三是面临提升在招投标"评定分离"中履职能力的要求。

2011年,深圳市住建局印发《关于深化建设工程招标投标改革试行评标定标分离的通知》(深建市场〔2011〕206号),启动了"定性评审、评标公开、评定分离"招标投标改革试点。随后,湖南省、湖北省、江苏省等多省市纷纷开展"评定分离"试点,取得了明显成效。

招投标"评定分离",即将评标委员会评标和招标人定标分为两个环节,具体指由招标人依法组建的评标委员会对投标文件进行定性评审、定量评审或定性+定量评审,并向招标人推荐一定数量的不排序的定标候选人,由定标委员会根据评标报告,结合项目规模、技术难度及其他项目关键考虑因素,采用票决法、抽签法、集体议事法或招标文件规定的其他定标方法,在定标候选人中择优确定中标人。

招投标"评定分离"赋予招标人定标权,是招标的具体组织者和责任承担者,对项目质量负有终身责任,且要对项目的进度、安全、投资效益等负总责任。有关专家学者对深圳市政府采购中心"评定分离"制度开展了调研,认为"评定分离"实施过程中仍然存在一些问题,主要包括:(1)采购人内部制度建设不够完善,近五成采购人并未建立政府采购内控制度,个别单位既无采购制度,也无专职采购人员;(2)使用"评定分离"的采购人不多,并非所有的项目都可以由采购人自定,部分采购人对原有的由评审委员会确定中标供应商的评标方式较为熟悉,并不愿意主动选择使用"评定分离";(3)采购人对于强制性适用"评定分离"的采购项目逃避适用"评定分离";(4)出现部分专家由于失去定标的话语权,出现抵触情绪、评标工作不认真等现象;(5)部分供应商由于对"评定分离"存在误解,参与投标的积极性不高;(6)采购人普遍认为应进一步放开可适用自定法的采购项目清单;(7)部分采购人为自身利益驱动,规避政府采购招标平台,选择在深圳市建设交易中心组织实施招标。

总之,在"放管服"改革不断深化的背景下,政府投资市政交通建设项目管理单位的自主权不断增大,职责要求不断提高。加强诚信体系建设、提高招标投标"评定分离"中履职能力,提升项目管理能力建设,是适应新形势下有关职责要求的必然选择。

1.2 发展现状

为适应"放管服"改革深化对政府投资市政交通建设项目管理单位的新要求,提升在招标投标"评定分离"中的履职能力,加强项目管理能力,关键是建立诚信评价体系和项目合同履约评价体系,并辅以相应的信息化手段。目前,全国各地在诚信评价模型与履约评价模型、"评定分离"履职以及有关信息化系统建设等方面进行了积极探索。

1.2.1 诚信评价模型与履约评价模型构建方面的探索实践

目前,全国各地在工程建设项目诚信评价模型、履约评价模型构建等方面均进行了很好的探索实践,其中浙江省、江苏省、广东省具有一定的典型性,具体情况如下:

浙江省提出并实施了《浙江省建设工程施工合同履约评价表》,该表共包括七个方面的评价指标:一是施工合同签订情况,包括合同签订情况、暂估价项目招标情况、项目分包与转包情况;二是人员与施工机械情况,包括人员到位与管理情况、施工机械到位情况;三是相关费用使用情况,包括安全文明施工费使用情况、价款使用情况、工程计量情况;四是工程变更情况,主要是工程按照合同约定进行价格调整申报;五是合同工期执行情况,包括施工进度计划制定情况、工期延误情况;六是工人工资保障情况,包括工人工资应急预案制定情况、工人工资支付情况;七是其他履约评价情况,包括管理制度制定情况、实施合同文件收发联络制度等。另外,还制订了《建设工程监理合同履约评价表》,对监理单位提出了监理合同转让违法等一票否决项、项目管理人员考核、质量安全管理考核、工程计价考核、监理资料考核、其他履约考核评价等。

福建省出台了《福建省建筑施工企业信用综合评价体系企业合同履约行为评价标准》与《福建省建筑施工企业合同履约行为评价细则》,评价内容共包括三个方面:一是施工合同备案情况,包括自补充合同签订之日起20个工作日内未备案、在施工合同备案管理系统填报的合同价款与签订的施工合同价款不符的、安全文明施工费计取未按照有关规定执行、施工合同中未将安全文明施工费单列、在施工合同或其附件中未明确工程质量保证金的数额或比例与预扣方式及时限、施工企业未在上季度末最后15日内网上填报施工合同履约进度(工程款支付)情况的;二是合同履约情况,包括企业未按照合同约定履行合同构成重大违约的,无正当理由单方面中(终)止履行合同或擅自停工、超过合同约定提出不合理要求作为复工的前提条件的,造成不良影响的等;三是劳务实名制及工人工资管理情况,包括项目部没有设置"维权告示牌""考勤公示栏""工资公示栏"情形的、未与自行雇用的劳务作业人员在进场一个月内签订劳动合同的、项目部未设立劳务办公室、未制定健全的劳务管理制度、未配备劳务管理员、未明确劳务管理员岗位职责的等。另外,福建省在上述评价模型中主要采用扣分方式进行评价考核。

广东省提出并实施了《广东省市政(施工企业)诚信评价评分表》,包括五个方面:一是施工企业基本情况,包括企业证照有效性、信息化管理、管理体系认证、管理技术人员专业结构配置、企业管理制度等;二是经营能力及财务指标,包括施工总产值、缴纳建设业税、劳动生产率、产值利润率、人力资源管理、工人工资等;三是管理指标,包括绿色施工、企业发展战略及措施、安全生产与文明施工、现场工程质量管控、材料采购等;四是竞争指标,包括重合同守信用、合同管理制度、先进单位、企业文化建设、技术创新、获得科技奖等情况、标准化等;五是信用记录指标,包括合法依规经营、社会公益事业、参与抢修抢险、合同履约率、企业信用建设、不良行为记录等。

另外,广东省还提出并实施了《广东省市政(勘察设计)诚信评价评分表》,该表包括五个方面:一是遵守法规情况,包括遵守行业法规、遵守市场法规、建立管理体系、和谐共建等;二是经营能力及财务指标,包括总产值情况、纳税情况、生产率情况、收益率情况等;三是科技创新与社会责任,包括高新技术企业认定、近三年参与社会公益事业与和谐社会建设、工程验收情况、责任事故情况、绿色设计和成果情况、研发经费投入情况、设计工程施工工厂化等;四是企业管理情况,包括重合同守信用情况、技术人员情况、人力资源管理情况、管理制度建设情况;五是文件建设情况,包括专利、业绩、获奖、荣誉称号等。

总结分析目前各地在诚信评价模型、履约评价模型方面的做法,存在的主要问题如下：

一是考虑到规模以上、规模以下工程建设项目（规模上下以招标投标法等法律法规规定的必须招标数额为界限）管理上的特点，均体现出明显的区别，现有模型均未给予充分考虑；

二是现有评价模型指标设置不尽相同，对工程建设项目各个方面因素考虑不够全面、完善；

三是科学合理的评价模型应充分考虑实际应用情况，应包括基础评价部分与动态评价部分，基础评价部分应包括企业资质、以往业绩、获得奖励等情况，动态评价部分应包括对项目开展过程中采取有益措施、先进技术的奖励加分，以及对日常行为不规范、影响工程质量与进度等行为的惩罚扣分。

1.2.2　招标投标"评定分离"中的典型做法

自广东省深圳市等启动探索实施招标投标"评定分离"以来，全国各地均进行了很好的探索实践，其中广东省、江苏省、四川省、湖南省、浙江省等地区的做法具有一定的典型性，具体情况如下：

2015年8月，广东省深圳市印发《关于建设工程招标投标改革若干规定》，明确赋予招标人一定的定标权，"招标人应当按照充分竞争、合理低价的原则，采用下列方法或者下列方法的组合在评标委员会推荐的合格投标人中择优确定中标人：（一）价格竞争定标法，按照招标文件规定的价格竞争方法确定中标人；（二）票决定标法，由招标人组建定标委员会以直接票决或者逐轮票决等方式确定中标人；（三）票决抽签定标法，由招标人组建定标委员会，从进入票决程序的投标人中，以投票表决方式确定不少于3名投标人，以随机抽签方式确定中标人；（四）集体议事法，由招标人组建定标委员会进行集体商议，定标委员会成员各自发表意见，由定标委员会组长最终确定中标人。规定所有参加会议的定标委员会成员的意见应当做书面记录，并由定标委员会成员签字确认；采用集体议事法定标的，定标委员会组长应当由招标人的法定代表人或者主要负责人担任。"

2017年3月，江苏省建设工程招标投标办公室印发《评定分离操作导则》（苏建招办〔2017〕3号，以下简称《导则》），对房建和市政工程招投标实行"评定分离"。评标委员会择优推荐定标候选人名单,候选人不得少于3家,不宜超过7家,具体数量应在招标文件中明确。评标工作完成后的3日内,对定标候选人进行公示,公示结束后7个工作日内,在交易中心召开定标会。定标方法有价格竞争法、票决法、票决抽签法、集体议事法等。《导则》要求定标委员会应当按照充分竞争、合理低价的原则,在评标委员会推荐的定标候选人中择优确定中标候选人。

2018年1月,四川省印发《关于促进建筑业持续健康发展的实施意见》(川办发〔2018〕9号),提出深化建筑业"放管服"改革和深化招投标制度改革,全面落实招标人主体责任,规范招标人招标行为,在部分市(州)开展中标候选人评定机制创新试点,采用随机抽取方式从符合条件的投标人中确定中标候选人。2017年6月,四川巴中对总投资在3 000万元以下(不含3 000万元)的市、县(区)政府投资项目,采用随机抽取方式确定中标人。2017年7月,四川省甘孜各州县(区)政府投资5 000万元以下的工程建设项目采用摇号招标方式确定中标人。2018年5月,四川省南充市总投资在3 000万元人民币以下、打捆审批项目中的单个项目总投资在1 000万元人民币以下的,通过随机评定方式确定中标候选人。

2018年8月,湖南省长沙市正式实施《长沙市房屋建筑和市政工程施工招标评标活动管理规定》,在招投标中采用"评定分离"。采用综合评估法进行评标的项目,推行评定分离。评标委员会根据招标文件的规定,向招标人推荐不超过3名不排序的中标候选人,由招标人在交易中心当场采用抽签方式确定中标候选人排序。

浙江省义乌、湖州、宁波等地也相继出台推行"评定分离"政策。2017年5月,浙江省选定义乌市试行"评定分离"。评标为推荐不少于3名中标候选人,不进行排序。定标按"竞争和择优"以及"优中选低、低中选优"原则,通过投票方式确定1名中标人。湖州市分四步走,2018年下半年,在设计、勘察、监理、全过程工程咨询总承包等服务类项目中率先推行"评定分离";2019年上半年,开始在材料、设备等货物类项目中推行"评定分离";2019年下半年,开始在省、市重点(重大)项目以及技术复杂、难度系数高、特殊工艺等施工类项目中推行"评定分离";2019年底前,在工程建设招投标中全面推行"评定分离"。浙江省宁波市于

2019年3月6日正式出台《宁波市工程建设项目招标实施"评定分离"办法指导规则(试行)》,规定采用"评定分离"的招标项目,应将所有投标单位纳入评审范围。当通过资格审查的投标人多于15家时,评标委员会可以通过抽签法、价格法、资信排序等方法,确定不少于15家的投标人进入评标程序,具体入围方式和进入评标程序的投标人数量应当在招标文件中明确。评标采用定性评审方式,评标委员会按照招标文件规定对各投标文件是否满足招标文件实质性要求提出意见,指出各投标文件中的优点和存在的缺陷、签订合同前应当注意和澄清的事项等,不对投标文件进行打分,不直接确定中标人,评标完成后,评标委员会应当向招标人提交书面评标报告,将所有评审合格的投标人作为不排序的中标候选人推荐给招标人,并对每一评审合格的投标人提出明确的评标结论。定标一般采用"优中选低,低中选优"的原则,定标委员会应当按照招标文件规定的方法,在评标委员会推荐的中标候选人中择优确定1名中标人并提交定标情况报告。招标人应当对定标过程进行记录,并存档备查。

2019年,广东省住房和城乡建设厅发布《关于深化房屋建筑和市政基础设施工程领域招标投标改革的若干意见(征求意见稿)》,明确提出了房屋市政工程的施工招标、方案设计招标的择优因素:一是对于施工招标择优的主要要素,主要考虑企业综合实力、信用,以及拟派项目管理团队经验与能力等因素。企业综合实力主要包括企业规模、资质等级、专业技术人员数量、拟投入项目的大型特种装备数量、近年平均营业额、行业排名、利税额、财务状况、类似工程业绩等因素。企业信用主要包括企业(工程)获得荣誉、政府部门的诚信评价等级、建设单位的履约评价或诚信记录、违法行为处罚记录以及其他失信记录等因素。小型施工招标择优,应重点关注投标人的综合实力、同类工程经验、信用。二是对于方案设计招标择优的主要要素。应落实城市设计内容,重点考核设计创新、绿色生态、景观风貌协调、功能结构合理、经济性、技术可行性等因素,可淡化设计方案提供方业绩及企业综合实力等资信因素。初步设计、施工图设计招标择优,应重点考虑资质等级、企业信用、企业规模、同类设计业绩、拟投入项目人员经验与能力等因素。设计团队招标择优,应重点考虑设计团队人员执业资格、设计业绩、类似经验等因素。

总结各地在招标投标"评定分离"中的典型做法,存在的主要问题是:择优确定中标单位等方面尚存在薄弱环节,工程建设项目管理单位在择优选定中标单位中未充分运用诚信评价模型与履约评价模型的评价结果,有关诚信评价与履约评价未对有关工作形成有效支撑。

1.2.3 诚信评价系统信息化系统建设方面的探索实践

2018年,深圳市福田区启动了"福田区政府投资项目履约评价共享平台",该平台将形成项目承包商履约评价大数据,作为福田区政府投资项目招投标的重要参考,同时也是福田区探索构建建筑市场主体信用管理体系的重要路径。该平台充分运用计算机、互联网等现代化管理手段,将政府工程建设单位的碎片化履约评价信息整合、共享,形成对项目承包商履约综合评价的"共享池"。评价结果将通过政府网站进行发布,并向各级建设主管部门推送共享。该平台适用于福田区政府投资项目的代建、施工、监理、设计、招标代理、造价咨询等承包商,并相应设立了6项评价指标和5个评估时间节点。值得注意的是,整个评价体系中设置了17种不良行为的惩戒措施,承包商一旦触及其中"因自身原因造成工程发生一般事故的"等6种,则将与"优秀"无缘,至多拿到"合格";而触及"转包挂靠、违法分包"等11种,便被直接判定为"不合格",实施"一票否决"。

2013年,广州市城乡建设委员会开发并正式投入使用《广州市建设工程质量安全管理综合信息平台暨建设工程质量安全管理现场诚信评价自动评分系统》,该系统将依据对施工、监理企业在建设施工活动中的行为、过程及结果等质量安全评价标准自动进行评分,具体体现在两个方面:一是通过混凝土监管系统、检测监管系统、地下工程和深基坑监测系统、起重机械安全监控系统等系统,每天自动采集施工、监理企业相关得分及扣分数据;二是通过施工、监理企业上传在安监、质检系统并通过确认的质量安全文档资料(扫描文件),每天自动采集相关得分及扣分数据;并将施工、监理企业相关得分及扣分数据由系统自动计算形成施工、监理企业质量安全得分。

2018年,广州市住房和城乡建设委员会印发《关于完善施工和监理企业诚信综合评价体系的通知》,组织建设诚信综合评价业务信息系统,该系统评价对象包括施工企业、监理企业、造价咨询企业、预拌混凝土企业、砂浆企业、招标代理企业、检测企业、勘察设计企业等,对有关企业综合诚信进行评价并排名。以施工企业综合诚信为例,该系统对施工企业市场行为、质量安全、建设单位、当日诚信分、60日诚信分等方面进行评分。该系统免费开放给各评价主体使用,免费开放给社会自由查询,该系统开发以及日常管理、维护由广州市城乡建设信息中心负责。诚信综合评价成果在广州市住房和城乡建设委员会网站"诚信综合评价专栏"和广州公共资源交易中心交易平台展示,并在广州市房屋建筑和市政基础设施工程交易活动中应用,交易平台展示及交易应用的系统由广州公共资源交易中心维护。

总结各地在诚信系统评价信息化系统建设等方面的工作情况,存在的主要问题是:信息化系统未能与诚信评价模型、履约评价模型深度结合;信息化系统中有关功能模块未充分考虑相关评价操作要求;未能实现诚信评价、履约评价与日常管理的充分结合,为工程项目科学化、规范化管理提供更多支撑。

1.3 本章小结

本章首先分析了"放管服"改革不断深化的总体情况,梳理了"放管服"改革深化对政府投资市政交通建设项目管理单位提出的新要求,包括扩大了项目管理单位的自主权、增强了工作责任,提出了建设诚信体系的迫切要求,面临提升在招投标"评定分离"中履职能力的要求。

其次,梳理了全国有关地区在诚信评价模型与履约评价模型构建方面、在"评定分离"中的履职情况、在诚信系统评价信息化系统建设方面的实践探索,为研究构建广州地区政府投资市政交通建设项目合同履约评价体系、加强履约评价结果在招投标"评定分离"中的应用、提升项目管理能力提供了有益借鉴。

第 2 章

市政交通建设项目履约评价基本理论

2.1 市政交通建设项目合同类型

2.1.1 项目合同类型划分的基本原则

在对政府投资市政交通建设项目合同类型进行划分时,应遵从以下几项基本原则:

其一,科学实用。合同类型划分的主要依据应科学合理,能够反映出不同类型项目的特点、管理上的要求。类型划分后应符合目前各级政府部门出台的有关项目管理办法,具有很好的实用性。

其二,规模适宜。合同类型划分的数量与项目履约评价、管理难度呈负相关关系,即项目类型划分越细,越能体现出不同类型的特点,越能建立充分反映其内在属性的指标体系,但相关管理工作量亦同时增大,需根据实际情况权衡考虑。

其三,界限清晰。项目类型划分的界限应明确清晰。对于某一具体项目所属的类别,应可以准确划定,避免出现某一类项目的类别归属模糊、不易确定、存在争议的情况。

其四,归属唯一。某一具体项目应仅能归属为唯一的项目类别,不能存在可归属为多个类别的情况,以避免后续履约评价的混乱。

2.1.2 政府投资市政交通建设项目合同类型的典型划分方法

根据目前各地有关实践经验,政府投资市政交通建设项目典型的类型划分方法主要包括依据合同业务类型划分、依据合同规模划分等。

依据合同业务类型划分,主要考虑合同所包含的主要业务类型,一般可以划分为施工类、勘察类、设计类、监理类、检(监)测、咨询服务等。该方法操作简单、易于理解,但随着我国目前政府投资项目管理模式的不断创新发展,出现了一些新模式,如2019年3月份,国家发展改革委员会与住房和城乡建设部共同印发《关于推行全过程工程咨询服务的发展意见》,鼓励咨询单位根据多样化咨询服务需求,从投资决策、工程建设、运营等项目全生命周期角度,开展跨阶段咨询服务组合或同一阶段内不同类型咨询服务组合,发展多种形式的全过程工程咨询服务模式。这些新模式可能同时涵盖上述几种传统业务类型,在进行类型划分时该方法不再适用。

依据合同规模划分,主要考虑合同业务规模上的差别。进行该类型划分的主要依据是我国对于项目招投标管理的规定,如2018年国家发展改革委员会印发《必须招标的工程项目规定》(中华人民共和国国家发展和改革委员会令第16号),明确规定施工单项合同、设计监理等服务合同在一定数额以上的必须招标。在此规定规模以下,建设单位可以根据实际选择直接委托以及其他方式确定施工单位或供应商单位。总之,依据合同规模划分时不同类型合同的最主要区别在于,规模以上合同项目主要采用招投标方式确定承担单位,规模以下合同项目建设单位可自行采用直接委托、优选等方式,这是目前政府投资项目建设单位最为关心的问题。该方法具有实操性强、界限清晰等特点,但"规模"界限相应的具体合同数额可能随着我国关于招投标管理有关法律法规修订而发生变化,需要密切跟进及时调整。

对比上述两种方法优缺点分析,本书采用依据合同规模划分方法,一般情况下,该方法所包括的业务类型如表2-1所示。

表 2—1 不同规模合同包含的业务类型

合同规模类型	所包含的业务类型
规模以上合同	有关项目施工单项合同估算价在 400 万元人民币以上； 勘察、设计、监理等服务的采购，单项合同估算价在 100 万元人民币以上
规模以下合同	单项合同估算价在 100 万元人民币以下的服务项目，一般包括：可行性研究报告、项目建议书编制、地下管线探摸、交通流量分析与预测、施工图审查、防洪评价、环境影响评价、地震安全性评价、地质灾害危险性评价、水下地形测量、水土保持方案编制、航道通航条件影响评价、设计前期旧路旧桥检测、控制性详细规划、地铁安全性评估、施工环保验收报告编制、水土保持监测、水土保持评估验收、质量安全鉴定、环保监测

2.2 规模上下市政交通建设项目合同管理的关键

2.2.1 规模以上市政交通建设项目合同管理的关键

目前，规模以上政府投资市政交通建设项目合同主要是施工类、监理类、设计勘察类等服务项目，一般具有以下特点：

一是必须通过招投标确定承担单位。规模以上政府投资市政交通建设项目往往投资规模较大，相应的施工、监理、设计勘察单项合同往往超过现行必须招投标的合同额要求（施工类为 400 万元、监理类为 100 万元），必须依法依规通过招投标方式确定项目的承担单位。

二是管理周期长。规模以上政府投资市政交通建设项目涵盖市政道路、桥梁等重大建设施工项目，项目周期长达数月甚至数年，时间跨度相对较大，需要建设管理单位持续跟进，对项目各个施工环节进行连续管理，对承建单位整个项目周期进行动态全过程管理。

三是管理难度大。规模以上政府投资市政交通建设项目一般具有参与主体多、管理环节多、影响因素多等特点。在参与主体方面，涉及各个工种施工队伍、检测监理、勘察设计等主体；在管理环节方面，涉及工程建设、进度管理、成本控制等管理环节；在影响因素方面，涉及环境、安全、用地等各个方面。需要系统管控，环环相扣，提高整体质量和效率。

受这些特点影响，尤其是当前项目管理呈现出新发展趋势、面临新要求，规模以上政府投资市政交通建设项目管理的关键主要包括以下几个方面：

一是优选承建单位。承建单位是规模以上政府投资市政交通建设项目建设主要力量，是确保项目建设高质量完成的关键。在深入实施"放管服"改革、完善招投标制度、推进实施"评定分离"的发展新趋势下，优选承建单位是项目建设单位要处理的关键问题。为有力破解这一问题、满足现实迫切需要，必须要建立一整套承建单位诚信评价体系，以此作为优选承建单位的重要依据，诚信评价体系建立的基础是对承建单位以往项目完成情况的评价，即合同履约评价体系。

二是加强项目全周期管理。规模以上政府投资交通建设项目具有建设管理周期长的特点，需要项目建设单位在整个项目周期内对承建单位工作情况进行持续评价、监督、管理。为满足这一实际需要，需要建立静态与动态相结合的合同履约评价体系，其中，静态评价主要是评价建设单位相对恒定的特征，包括资质情况、以往业绩情况、获得奖励情况等；动态评价主要是评价建设单位相对变动的特征，包括施工周期日常工作情况等。

三是建立奖惩相结合的管理机制。对于承建单位采取有效举措提高工程质量、加快工程进度、降低施工成本、获得有关部门对该工程建设的表彰等，应通过加分等方式予以奖励。对于承建单位日常施工存在不规范行为、造成安全生产事故、严重影响项目施工周期、造成工程建设质量隐患问题、存在违反廉政行为等，应通过扣分等方式予以惩罚。值得注意的是，奖励、惩罚要有明确的标准依据，公平、公开、公正开展，同时也能发挥有关奖惩机制对承建单位行为的引导作用。

2.2.2　规模以下市政交通建设项目合同管理的关键

目前，规模以下政府投资市政交通建设项目合同主要是可行性研究、项目建议书、招标代理服务等（具体见表2—1），一般具有以下特点：

一是可以采用直接委托、优选等方式确定承担单位。根据现行招投标相关法律法规,规模以下政府投资市政交通建设项目合同可以由项目建设单位根据实际情况,直接委托具有相关资质、符合有关条件的单位来承担工作。

二是管理周期短。规模以下政府投资市政交通建设项目合同周期往往可在数月时间内完成,时间跨度相对较小,合同实施过程中管理和动态管理的需求大、实际实施难度大。

三是项目种类多、数量大。对于某一具体政府投资市政交通建设项目,可行性研究、设计、勘察、检测、环境影响评价、招标代理等规模以下项目合同种类、数量远多于施工、监理等单项合同数量。

受这些特点影响,尤其是当前项目合同管理呈现出新发展趋势、面临新要求,规模以下政府投资市政交通建设项目管理的关键主要包括以下几个方面:

一是科学高效确定委托单位。在政府投资项目合同委托不断规范化、高效化情况下,建设单位确定委托单位的有关管理要求不断提高。为有效支撑这些管理要求,需要建设单位针对规模以下政府投资市政交通建设项目合同,建立全面涵盖各专业类型的专业库评价体系,确定可供选择的承担单位名录及评价等级,便于建设单位在需要时可以在专业库中遴选、直接委托相关承担单位。

二是加强项目完成后评价、定期评价。针对规模以下政府投资市政交通建设项目种类多、数量多、管理周期短的特点,对规模以下项目进行全过程评价和动态评价,并根据实际情况实施完成后评价与定期评价。完成后评价是指在项目完成后对承担单位工作情况进行系统评价,如果承担单位同时或持续承担建设单位的多个项目,可以以单位作为评价对象,汇总其各项目评价情况作出综合评价。

总之,针对目前建设单位迫切需求,对规模以上、规模以下政府投资交通建设项目各专业不同的履约评价体系,采用相应的评分管理模式、不同的应用模式。

对于规模以上政府投资交通建设项目,急需建立基于合同履约评价的诚信评价体系,评价内容包括静态和动态部分:一是对承建单位的资质、业绩等静态情况进行评分;二是动态评分,包括对日常优秀行为等进行奖励加分,对日常不规范行为等进行惩罚扣分。

对于规模以下合同项目,急需建立基于合同履约评价的专业库评价体系,评价内容包括两部分：一是对承担单位的资质、业绩等基本情况进行评分；二是对合同项目实施完成后评价或动态评价。

2.3 市政交通建设项目合同履约评价基本理论

2.3.1 市政交通建设项目合同履约风险因素识别

履约风险因素识别是指将可能影响承担单位高质量完成建设项目的各方面风险因素识别出来。只有将建设项目的主要履约风险识别出来，在履约评价中设置针对相关风险因素的各项指标，才能提高履约评价指标体系的针对性、实用性、有效性。

按照产生风险原因的性质划分，规模以上政府投资市政交通建设项目合同履约风险因素主要包括合同签订风险、工程质量风险、人员与机械装备风险、安全文明施工风险、绿色施工风险、进度控制风险等。规模以下政府投资市政交通建设项目合同履约风险因素主要包括服务态度较差风险、服务效果较差风险、服务质量低下风险、服务效率低下风险等。

2.3.2 合同履约评价指标体系构建的原则要求

政府投资市政交通建设项目合同履约评价的指标原则可归纳为以下几点：

1. 全面系统。合同履约评价指标体系应能够全面反映政府投资市政交通建设项目合同管理的各个方面，系统完备，各项因素考虑周全，尤其是可有效针对所识别出的合同履约各类风险因素。同时，所设置的各类评价指标应能够构成一个具有系统性的评价指标体系。

2. 简明清晰。为便于实际操作政府投资市政交通建设项目合同履约评价，评价指标体系必须要结构清晰，各项指标应符合行业从业单位与人员的管理习惯，各项评价指标的定义科学准确，评价指标的内容与具体评价考核标准清晰、易于理解，具有较好的可操作性。

3. 客观实用。各项合同履约评价指标应具有较好的客观性，避免在评价中过度依赖于评价人员的主观感受和经验,避免过高的主观性。评价指标的等级划分或数值评定,其相应的计算、评定方法应科学、规范,且简单实用、易于操作,尽量提高合同履约评价结果的客观性、真实性。

2.3.3 合同履约评价指标权重论证的基础理论

政府投资市政交通建设项目评价指标权重计算,可采用目前常用的典型方法,主要有德尔菲法、层次分析法、熵值法、模糊聚类分析法和模糊综合评价法等。

1. 德尔菲法(Delphi Method)。该方法是基于专家经验与知识来论证确定指标权重,具体过程是在确定合同履约评价指标体系后,专家间采用匿名等方式独立自由地做出判断,经过多轮匿名调查,专家意见体现出一致性后,对各位专家关于权重的意见进行数据处理,并对数据的集中度、离散度和协调度进行检查,达到一定要求之后,再对专家权重意见进行归一化处理,即可得到相应权值。

2. 层次分析法(Analytic Hierarchy Process,AHP)。该方法将定量分析与定性分析结合起来,依赖评价人员的经验分析各指标之间的相对重要程度,提出每个指标的权重系数。层次分析法适用于具有分层交叉的评价指标系统且具体数值难于通过定量公式计算的决策问题。计算过程中,首先构造出判断矩阵,求出最大特征值及相应的特征向量 W,归一化后,即为该层次指标对于上一层次指标的相对重要性权值。

3. 熵值法(Entropy Method)。该方法主要是基于信息论中熵的特性,通过计算熵值来估算评价指标的权重,利用评价指标所含信息的价值系数来计算,价值系数越高的评价指标,对最终评价结论的影响就越大,则该评价指标在指标体系中就越重要。

4. 模糊聚类分析法(Fuzzy Cluster Analysis)。该方法是对评价指标进行模糊分类后,采用数量积法计算模糊相识系数,得到模糊相识关系矩阵,对其作自乘运算得到具有自反性、对称性和传递性的模糊等价关系矩阵。对模糊等价矩阵进行分析,可得到各个评价指标重要程度的分类,并得出分类的权重和排序。

5. 模糊综合评价法(Fuzzy Comprehensive Evaluation,FCE)。该方法可以

较好地解决定性指标的定量化问题。复杂系统往往包括众多评价考虑因素,且每个考虑因素又包括多个细化因素。对于这样的复杂系统的综合评价,首先按最低层次的考虑因素进行综合评价,然后依次向上一层各个考虑因素进行综合评价,直至计算至最高层级,得出最终综合评价结果。

上述方法各具优缺点,其中,德尔菲法和层次分析法对于权重均属于主观赋权法,即依赖于专家群体的知识储备、个体经验积累来赋予指标权重,往往会受到专家个人的知识结构、判断水平及偏好等主观因素的影响,所以具有相对较强的主观性。这两类方法中,层次分析法与专家的主观判断进行了进一步的数学处理,评价主观性有所降低。熵值法、模糊聚类分析法和模糊综合评价法对于权重均属于客观赋权法,其中,熵值法是根据指标自身信息特征做出权重判断,模糊聚类分析法是基于评价指标模糊数据的相似性对评价指标做出相对重要程度分类,模糊综合评价法是将指标因素的定性问题转化为定量问题。

另外,还可以将上述五类方法相互结合,得到新的综合评价方法,目前一种常用的方法是多层次模糊综合分析法,该方法将层次分析法与模糊综合评价法相结合,可有效避免层次分析法主观性较强的缺点。多层次模糊综合评价法在确定各评价指标权重系数时,对各层级所含评价指标的重要程度进行两两权衡比较,目前常用的量化方法是标度法,如"1—9"标度法,具体标度含义如表 2—2 所示。

表 2—2　　　　　　　　"1—9"标度法标度含义

标度 a_{ij}	标度含义
1	C_i 与 C_j 的影响相同
3	C_i 比 C_j 的影响稍强
5	C_i 比 C_j 的影响强
7	C_i 比 C_j 的影响明显地强
9	C_i 比 C_j 的影响绝对地强
2,4,6,8	为上述两判断级的中间值
倒数	C_i 较 C_j 的影响之比与上述说明相反

通过标度法确定该层级指标的相对权重后,可由此建立一系列判断矩阵。

对于具有 m 个指标的某一层级评价指标 B，假设指标 B_i 相对指标 B_j 的权重（标度）为 R_{ij}，则可构建指标判断矩阵如表2—3所示。

表2—3　　　　　　　　　　评价指标权重判断矩阵

B	B_1	B_2	B_3	...	B_m
B_1	R_{11}	R_{12}	R_{13}	...	R_{1m}
B_2	R_{21}	R_{22}	R_{23}	...	R_{2m}
B_3	R_{31}	R_{32}	R_{33}	...	R_{3m}
...	...	...	...	...	...
B_m	R_{m1}	R_{m2}	R_{m3}	...	R_{mm}

可求出该层级指标 B 的权重向量：$W=(w_1,w_2,w_3,\cdots,w_m)$。其中 w_i 可由下式计算：

$$W_i = \frac{W_i}{W_{sum}}$$

其中：

$$W_i = \sum_{j=1}^{m} R_{ij}$$

$$W_{sum} = \sum_{i=1}^{m} W_i$$

w_i 具有以下性质：

$$\sum_{i=1}^{m} W_i = 1$$

得到判断矩阵后，利用特征根法计算该矩阵的特征向量 W，即为权重向量，同时求出该矩阵的最大特征根 $\lambda_{\max}$，对判断矩阵进行一致性检验，检验公式如下所示：

$$CI = \frac{\lambda_{\max} - n}{n-1} \quad CR = \frac{CI}{IR}$$

式中，CI 为一致性指标，CR 为一致性比例，IR 为随机一致性指标，取值如表2—4所示。

表 2—4　　　　　　　　　　随机一致性指标取值范围

n	1	2	3	4	5	6	7	8	9
IR	0	0	0.58	0.9	1.12	1.24	1.32	1.44	1.45

当 $CR<0.1$ 时，说明判断矩阵具有良好的一致性，矩阵取值合理，权重计算所得结果可靠，否则应调整判断矩阵有关元素的取值。

2.3.4　合同履约评价指标分值确定的基础理论

对于政府投资市政交通具体建设项目，建立合同履约评价指标体系、确定各指标权重以后，需要根据承担单位在项目合同履约的实际情况，评定承担单位在各个指标方面的工作及表现情况，即评定相应等级或指标分值。评定相应等级即评定为优秀、良好、及格、不合格等几个档次。评定指标分值即确定有关具体数值，一般可采用直接打分法或概率评定法。

评估指标直接打分法，即由评估人员对承担单位在各个指标方面的表现进行打分，确定相应的具体数值，在此基础上考虑指标权重，进而得出最终评定结果。

评估指标概率评定法，即将评估指标表现情况考虑为在一个概率事件，在不同表现等级上有不同的概率，然后由评估人员或有关专家针对承担单位对各个指标在各个评估等级下发生的概率进行分析评定，即在各个评估等级上发生的概率。如将评估等级考虑为五个等级，其中等级一表示表现最好，等级五表示表现最差，如下式所示：

$$P_i = \{P_1, P_2, P_3, P_4, P_5\}$$

则具有 m 个指标的某一层级评价指标 B 评定分值由权重向量和概率矩阵计算，如下式所示：

$$B = \{P_1, P_2, P_3, P_4, P_5\} = W_i \times P_i$$

$$= \{W_1, W_2, \cdots, W_m\} \times \begin{Bmatrix} P_{11} & P_{12} & P_{13} & P_{14} & P_{15} \\ P_{21} & P_{22} & P_{23} & P_{24} & P_{25} \\ \vdots & \vdots & \vdots & \vdots & \vdots \\ P_{m1} & P_{m2} & P_{m3} & P_{m4} & P_{m5} \end{Bmatrix}$$

对各级指标由低向高依次计算,进而得出最终评定结果。

2.4 本章小结

本章首先对政府投资市政交通建设项目合同类型进行划分,划分的主要依据包括合同业务类型、合同规模等。本书根据项目管理实际需求,主要依据合同规模将有关项目划分为规模以上项目和规模以下项目。

在此基础上,分析政府投资市政交通建设项目管理的关键,并以此作为合同履约评价指标体系构建的重要参考依据。其中,规模以上项目具有必须通过招投标确定承担单位、管理周期长、难度大等特点,管理的关键包括需要建立一整套承建单位诚信评价体系,以此作为优选承建单位的重要依据;建立静态与动态相结合的合同履约评价体系,加强项目全周期管理;建立奖惩相结合的管理机制。规模以下项目具有可以采用直接委托、优选等方式确定承担单位、管理周期短、项目种类多且数量大等特点,管理的关键包括需要建立全面涵盖各专业类型的专业库评价体系,科学高效确定委托单位;加强项目完成后评价、定期评价等。

最后系统介绍了政府投资市政交通建设项目合同履约评价基本理论,首先识别了规模以上、规模以下合同履约风险因素;提出了合同履约评价指标体系构建的原则要求,包括全面系统、简明清晰、客观实用等;总结了评价指标权重论证的基础理论,包括德尔菲法、层次分析法、熵值法、模糊聚类分析法和模糊综合评价法,重点介绍了多层次模糊综合分析法;总结了评价指标分值确定的基础理论,包括直接打分法和概率评定法。

第 3 章

规模以上市政交通建设项目合同的诚信评价体系

3.1 规模以上项目合同诚信评价指标体系总体架构

充分总结、借鉴当前已有的有关项目诚信评价指标体系指标设置的主要方式,同时破解当前有关诚信评价体系与履约评价体系等存在的主要问题,尤其是构建静态性评价、动态性评价相结合的评价指标体系,针对规模以上政府投资交通建设项目主要风险因素识别、主要特点与管理关键,按照合同履约评价基本理论与指标体系构建的原则要求,研究构建规模以上政府投资市政交通建设项目诚信评价指标体系。

按照产生风险原因的性质、动态静态属性等进行划分,创新性研究构建规模以上政府投资市政交通建设项目的多级诚信评价指标体系,一般而言可采用三级诚信评价指标体系,各级指标情况如下:

一级评价指标为规模以上项目合同的诚信评价;

二级评价指标包括包括静态与动态两部分,其中静态部分包括企业资质、业绩、以往奖惩情况、以往诚信评价情况、信贷记录、合同签订风险、人员配备情况、装备配备情况和管理制度建设情况。动态部分主要包括质量管理、安全施工管理、文明施工管理、绿色施工管理、工程进度管理、工程成本控制管理等。

三级评价指标可以考虑包括静态与动态两部分，其中静态部分包括企业资质、业绩、以往奖惩情况、以往诚信评价情况、信贷记录、合同签订风险、人员配备情况、装备配备情况、管理制度建设情况。动态部分主要包括质量管理、安全施工管理、文明施工管理、绿色施工管理、工程进度管理和工程成本控制管理等。

3.2 规模以上项目合同的诚信评价指标体系构建

主要从施工安全管理、施工质量管理、施工进度管理、合同管理、资金管理五个方面构建规模以上项目合同的诚信评价指标体系。

1. 施工安全管理

主要分为：施工用电安全不符合规范要求；临边防护不符合规范要求；基坑作业安全防护不完善；消防设施或动火作业不符合规范要求；安全教育或交底落实不到位；作业人员未持证上岗；施工机具未落实安全保护措施或不符合规范要求；现场安全文明措施不到位；安全内业资料不完善；三级安全教育未落实；未制定安全应急预案或未开展应急演练；三防及抢险突发事故等信息报送不及时或虚报、漏报、瞒报；受到建设单位、质监站以及有关部门书面通报或处罚；发生安全事故等。

2. 施工质量管理

主要分为：施工用电安全不符合规范要求；临边防护不符合规范要求；基坑作业安全防护不完善；消防设施或动火作业不符合规范要求；安全教育或交底落实不到位；作业人员未持证上岗；施工机具未落实安全保护措施或不符合规范要求；现场安全文明措施不到位，6个100%未落实到位；安全内业资料不完善；三级安全教育未落实；未制定安全应急预案或未开展应急演练；三防及抢险突发事故等信息报送不及时或虚报、漏报、瞒报；受到建设单位、质监站以及有关部门书面通报或处罚；发生安全事故。

3. 施工进度管理

主要分为：外观质量良好加 1 分，中等加 0 分，较差扣 1 分；未按设计和规范要求进行处理，造成质量病害；使用未经检验合格的材料用于施工；质量管控细节处理不到位；实体质量检测出现不合格；存在偷工减料行为；受到建设单位、质监站以及有关部门书面通报或处罚；质量不合格部位未及时进行整改；成品、半成品参数未达到设计标准等方面。

4. 合同管理

主要分为：提供虚假合同信息（企业地址、电话、联系人）、履约保函等资料；违反工程承发包合同附加廉洁协议，被公检法起诉；承包人违反合同约定进行转包或违约分包；承包人违反合同约定采购不合格的材料和工程设备；承包人未按合同约定投入设备、人员；承包人在合同执行过程中单方面终止履约；当合同履约验收不合格时，承包人逾期未完成整改直至合格；承包人违反合同其他合同义务，发包人有权要求承包人限期整改，承包人逾期未完成整改；对发包人指令执行不力、消极懈怠、不积极配合与协调等方面。

5. 资金管理

主要分为：承包人未按照合同约定的时间开设工人工资支付专用账户；承包人未按照合同约定管理工人工资专用账户；承包人拖欠工人工资、专用账户资金少于应付工人工资；承包人未依合同办理劳动用工手续、施工人员未持证上岗；承包人未按合同约定提交完整结算资料；结算核减率有偏差；发生超计量或名义计量行为；未按合同约定时间提出变更工程价款报告；未严格按资金监管协议使用项目资金，存在截留资金、虚报合同单位，不及时足额支付给材料供应商、设备租赁单位、专业分包单位、作业班组等方面。

3.3 规模以上项目合同诚信评价评价指标权重和分值研究

3.3.1 施工安全管理

表 3—1　　　　　　　　　施工安全管理

序号	考核内容及评分标准	监理评分 40%	质安组评分 20%	片区及负责人 20%	部长 20%	对应诚信体系得分	分值有效期
1	施工用电安全不符合规范要求,扣1分						
2	临边防护不符合规范要求,扣1分						
3	基坑作业安全防护不完善,扣2分						
4	消防设施或动火作业不符合规范要求,扣1分						
5	安全教育或交底落实不到位,扣1分						
6	作业人员未持证上岗的,扣1分						
7	施工机具未落实安全保护措施或不符合规范要求的,扣2分						
8	现场安全文明措施不到位,6个100%未落实到位,扣2分						
9	安全内业资料不完善的,扣2分						
10	三级安全教育未落实的,每次扣1分						
11	未制定安全应急预案或未开展应急演练的,每次扣1分						
12	三防及抢险突发事故等信息报送不及时或虚报、漏报、瞒报,每次扣3分						
13	受到建设单位、质监站以及有关部门书面通报或处罚的,每次扣3分						
14	发生安全事故,扣5分						
15	上述未列明事项累计得分						

备注:该减分项扣分下限设定为分值扣为零止,在其对应的有效期内进行评审计算得分。

3.3.2 施工质量管理

表 3-2　　　　　　　　　　施工质量管理

序号	考核内容及评分标准	监理评分 40%	质安组评分 20%	片区及负责人 20%	部长 20%	对应诚信体系得分	分值有效期
1	外观质量良好加1分,中等加0分,较差扣1分						
2	未按设计和规范要求进行处理,造成质量病害的,扣1分						
3	使用未经检验合格的材料用于施工的,扣5分						
4	质量管控细节处理不到位的,扣1分						
5	实体质量检测出现不合格的,每次扣2分						
6	存在偷工减料行为的,每次扣2分						
7	受到建设单位、质监站以及有关部门书面通报或处罚的,每次扣3分						
8	质量不合格部位未及时进行整改的,每次扣3分						
9	成品、半成品参数未达到设计标准的,每次扣2分						
10	上述未列明事项累计得分						

备注:该减分项扣分下限设定为分值扣为零止,在其对应的有效期内进行评审计算得分。

3.3.3 施工进度管理

表 3-3　　　　　　　　　　施工进度管理

序号	考核内容及评分标准	监理评分 40%	质安组评分 20%	片区负责人 20%	部长 20%	对应诚信体系得分	分值有效期
1	周进度计划未完成的,每次扣1分						
2	月进度计划未落实的,扣2分						
3	未能按例会布置和要求完成工作的,扣1分						

续表

序号	考核内容及评分标准	监理评分 40%	质安组评分 20%	片区负责人 20%	部长 20%	对应诚信体系得分	分值有效期
4	在具备施工条件情况下,主要机械设备未按合同文件及业主要求及时到场的,全部未到场扣2分,部分未到场扣1分						
5	项目经理、技术负责人、安全员等主要负责人,全部不到位的每次扣2分,部分不到位的每次扣1分						
6	工程关键节点工期延误的,每次扣2分						
7	奋战100天等活动中未按计划完成任务的,每次扣2分						
8	分项工程施工延误的,每次扣2分						
9	无正当理由擅自停工的,每次扣2分						
10	不按要求按时报送资料,每次扣2分;报送资料不完整的,每次扣1分						
12	上述未列明事项累计得分						

备注:该减分项扣分下限设定为分值扣为零止,在其对应的有效期内进行评审计算得分。

3.3.4 合同管理

表 3—4　　　　　　　　　　合同管理

序号	考核内容及评分标准	经办人 20%	副部长（主管）30%	部长 50%	对应诚信体系得分	分值有效期
1	提供虚假合同信息(企业地址、电话、联系人)、履约保函等资料,扣5分					
2	违反工程承、发包合同附加廉洁协议,被公检法起诉的,扣5分					
3	承包人违反合同约定进行转包或违约分包,扣5分					
4	承包人违反合同约定采购不合格的材料和工程设备,扣5分					

续表

序号	考核内容及评分标准	经办人 20%	副部长（主管）30%	部长 50%	对应诚信体系得分	分值有效期
5	承包人未按合同约定投入设备、人员，扣3分					
6	承包人在合同执行过程中单方面终止履约的，扣5分					
7	当合同履约验收不合格时，承包人逾期未完成整改直至合格，扣3分					
8	承包人违反合同其他合同义务，发包人有权要求承包人限期整改，承包人逾期未完成整改，扣3分					
9	对发包人指令执行不力，消极懈怠，不积极配合与协调的，扣3分					
10	上述未列明事项					
	累计得分					

备注：该减分项扣分下限设定为分值扣为零止，在其对应的有效期内进行评审计算得分。

3.3.5 资金管理

表3-5　　　　　　　　　　　资金管理

序号	考核内容及评分标准	经办人 20%	副部长（主管）30%	部长 50%	对应诚信体系得分	分值有效期
1	承包人未按照合同约定的时间开设工人工资支付专用账户，扣4分					
2	承包人未按照合同约定管理工人工资专用账户，扣4分					
3	承包人拖欠工人工资、专用账户资金少于应付工人工资，扣6分					
4	承包人未依合同办理劳动用工手续、施工人员未持证上岗，扣3分					
5	承包人未按合同约定提交完整结算资料，扣3分					
6	结算核减率有偏差的，扣3分					
7	发生超计量或名义计量行为的，扣3分					

续表

序号	考核内容及评分标准	经办人 20%	副部长（主管）30%	部长 50%	对应诚信体系得分	分值有效期
8	未按合同约定时间提出变更工程价款报告的,扣5分					
9	未严格按资金监管协议使用项目资金,存在截留资金、虚报合同单位,不及时足额支付给材料供应商、设备租赁单位、专业分包单位、作业班组等,扣5分					
10	上述未列明事项					
	累计得分					

备注:该减分项扣分下限设定为分值扣为零止,在其对应的有效期内进行评审计算得分。

3.4 本章小结

本章对规模以上政府投资市政交通建设项目专业库评价体系进行研究,充分总结、借鉴当前已有的有关项目诚信评价指标体系指标设置的主要方式,同时破解当前有关诚信评价体系与履约评价体系等存在的主要问题,针对规模以上政府投资交通建设项目主要风险因素识别、主要特点与管理关键,按照合同履约评价基本理论与指标体系构建的原则要求,主要从施工安全管理、施工质量管理、施工进度管理、合同管理、资金管理五个方面,研究构建规模以上政府投资市政交通建设项目诚信评价指标体系。

第4章

规模以下市政交通建设项目合同的专业库评价体系

4.1 规模以下项目合同专业库评价指标体系总体架构

规模以下政府投资市政交通建设项目种类繁杂，一般而言，主要包括可行性研究报告编制、项目建议书编制、地下管线探测、交通流量分析与预测、施工图审查、防洪评价、环境影响评价、地震安全性评价、地质灾害危险性评价、水下地形测量、水土保持方案编制、航道通航条件影响评价、设计前期旧路旧桥检测、控制性详细规划、地铁安全性评估、施工环保验收报告编制、水土保持监测、工程实体质量监测抽测、工程质量常规检测、水土保持评估验收、第三方高支模及基坑监测、涉地铁或高速公路等监测监控、质量安全鉴定、环境保护监测、工程造价咨询、招标代理、勘察和设计等。

规模以下政府投资市政交通建设项目合同管理难度较大，一个较好的办法是建立项目合同履约评价系统，以便为项目建设管理单位在完善管理程序、提升管理水平等方面提供技术支撑。一般而言，为进一步规范未达招标规模的委托项目的办理程序，项目建设管理单位建立委托专业库，对委托专业库内的服务单位实施履约评价，以加强委托专业库库内服务单位的管理，使各专业库在建立、入库、出库、评价及服务过程管理更程序化、规范化和科学化。委托专业库成为项目建设管理单位科学、高效、规范管理项目的一种重要手段。

由于不同类型的规模以下政府投资市政交通建设项目兼具共性与差异性，委托专业库中一个重要的基础，就是建立既简便可行，又能在一定程度上反映该类型项目特点、管理关键点的评价指标体系。简便可行，就是要便于项目建设管理单位实际操作，指标体系设置简便、易于理解与掌握，一般要求规模以下政府投资市政交通建设项目的不同类型可以共用统一的评价指标体系总体构架；精准考虑不同类型项目特点、管理关键点，一般要求针对不同类型的合同项目，在指标体系中设置可以反映该项目特点与管理关键点的具体指标。另外，关于评价指标体系的层次，总体而言，为实现相对科学、精准的评估，规模以下政府投资市政交通建设项目仍然适合采用多级评价指标体系。

一般而言，规模以下政府投资市政交通建设项目专业库评价指标体系可采用三级评价指标体系。第一级评价指标即履约评价总体结论。对于第二级评价指标，可主要考虑不同类型项目管理上的共性要求、共性的履约风险，即履约评价的统一考虑要素，建立相对统一的、共用的评价指标。一般而言，规模以下合同项目的履约风险因素主要包括服务态度较差风险、服务效果较差风险、服务质量低下风险、服务效率低下风险等。所以，规模以下不同类型项目的一级评价指标可相应地设置如下：

服务态度（B_1）。相较于规模以上合同项目，规模以下合同项目的总体周期相对较短，需要服务单位集中精力、较为紧凑地完成合同约定的各项服务工作，需要密切配合项目建设管理单位推动完成工作，所以服务态度成为需要考虑的一项重要因素。其下设的第三级评价指标可以考虑为：人员设备配备情况（C_{11}），即为项目配置符合合同约定的、满足项目顺利开展需要的技术人员与设施设备，不能频繁更换或未经批准擅自更换，要严格按照业主要求增加工作人员或更换不称职人员。严格落实工作要求（C_{12}），即要落实项目建设管理单位的有关工作指示要求，能切实落实到工作成果中。服务态度勤恳扎实（C_{13}），服务单位在与建设管理单位沟通交流、推进项目中，没有敷衍塞责、推脱扯皮、胡乱蒙混等恶劣态度情况。

服务质量(B_2)。服务质量是规模以下合同项目整个履约评价中最为重要的方面,考虑到规模以下不同类型合同项目特点与管理关键内容的差异,即不同项目类型对于服务内容、服务质量具有明显不同的区别(如可行性研究项目需要服务单位深入论证项目可行性情况、为项目审批立项提供支撑;而地下管线探测项目需要服务单位细致探测地下管线位置等情况),所以不同类型的规模以下合同项目需要开展具有针对性的评价,需要建立不同的评价指标体系,具体指标设置在本章的4.2节予以细化研究。

服务效率(B_3)。考虑到规模以下合同项目的各个阶段性工作往往均具有明确的时间节点要求,如送审报批时间、报告验收截止时间、招标报告公示时间等,如果不能按照合同约定时间开展,往往会对项目总体进度造成严重影响,所以应该将服务效率方面的评价指标作为评价体系中的一个重要内容。其下设的第三级评价指标可以考虑为:服务进度效率(C_{31}),能够严格控制项目在开展过程中重要控制节点,在合同约定的各项节点时间内完成相应阶段性工作;工作要求响应效率(C_{32}),即在项目建设管理单位提出某项符合合同约定的工作要求、合理的工作时间要求时,服务单位能够快速响应,并在相应时间要求内完成工作内容,具有即时响应效率。

一般性不良行为(B_4)。主要是评价服务单位在其他方面的工作情况,主要包括:遵守法规制度情况(C_{41}),有关法律法规、业内有关规章制度是规模以下项目开展的红线,服务单位必须严格遵守有关法规制度,坚决杜绝产生违法乱纪、违反行业有关规定的非法行为;安全生产情况(C_{42}),服务单位在项目开展过程中,严格按照安全生产有关要求落实工作,坚决杜绝产生安全生产事故;廉洁清正工作作风情况(C_{43}),工作作风廉洁清正,要严格遵守廉洁纪律要求,不通过违反有关廉洁纪律规定的手段方法争取项目、推动质量低下的成果蒙混过关等。

根据上述履约评价指标体系分析,规模以下政府投资市政交通建设项目评价指标体系整体架构如图4—1所示。

第 4 章 规模以下市政交通建设项目合同的专业库评价体系

```
A规模以下        ├─ B₁服务态度 ─┬─ C₁₁人员设备配备情况
合同项目          │              ├─ C₁₂严格落实工作要求
履约评价          │              └─ C₁₃服务态度勤恳扎实
                 │
                 ├─ B₂服务态度 ──── C₂₁根据项目类型确定
                 │
                 ├─ B₃服务态度 ─┬─ C₃₁服务进度效率
                 │              └─ C₃₂工作要求响应效率
                 │
                 └─ B₄一般性不良行为 ─┬─ C₄₁遵守法规制度情况
                                     ├─ C₄₂安全生产情况
                                     └─ C₄₃工作作风情况
```

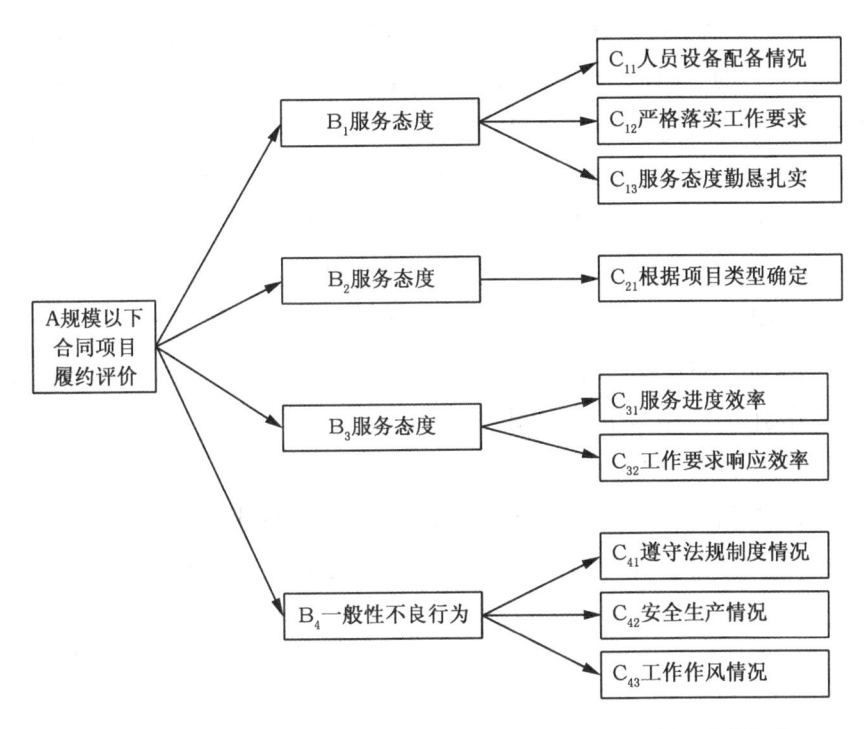

图 4-1 规模以下政府投资市政交通建设项目评价指标体系整体架构

4.2 规模以下项目合同服务质量评价指标构建

在规模以下政府投资市政交通建设项目专业库建设、履约评价指标总体架构中，反映一般性、共性要求的服务态度（B_1）、服务效率（B_3）、一般性不良行为（B_4）以及相应第三级评价指标均已较为清晰明确，但反映不同类型项目各自特点、管理特殊要求的服务质量（B_2）需要进一步研究明确。各类规模以下项目合同管理关键内容与服务质量第三级评价指标如下（专业库评价指标见本书附录《规模以下政府投资项目合同履约评价模型清单》）：

4.2.1 可行性研究与项目建议书编制

可行性研究报告包括对项目建设的必要性、基本方案、建设规模、财务可行性评价、国民经济情况等方面进行深入研究,是建设项目决策的主要依据。该类项目合同管理的关键是研究深度符合规定要求,报告编制质量满足规范要求,顺利通过验收审查,满足政府投资市政交通建设项目审批立项等可行性研究报告要求。该类项目服务质量第三级评价指标体系可以构建如下:

研究深度(C_{21})。要求研究报告的研究深度符合国家、行业现行关于可行性研究、项目建议书编制的有关规定,满足项目建设管理单位关于项目立项、决策的有关管理需要。

报告编制质量(C_{22})。要求研究报告编制规范,体例设置合理,不出现文字表述、数据引用、模型运用、逻辑脉络等方面的错误,尤其是不能出现数据造假、粗劣抄袭等方面的严重错误。

验收通过情况(C_{23})。要求研究报告顺利通过项目建设管理单位组织开展的各项内部审查会议、政府管理部门组织的验收审查会议,不能出现因研究不充分等问题致使未能通过评审的情况。

4.2.2 地下管线探测

地下管线探测主要是查明施工场地有无已铺设的地下管道(包括给排水地下管道、燃气管道)、地下电缆分布情况、了解详细信息,以保护已有地下管线、防止施工时造成对已有地下管线的损伤破坏。地下管线探测主要工作内容包括地下管线探测和地下管线测绘两部分。该类项目服务质量第三级评价指标体系可以构建如下:

管线探测精确(C_{21})。要求地下管线探测的范围划定科学合理,满足工程建设需要。探测工具与方法选定适当,能够全面、清晰查明地下管线的布设现状,包括埋深、规格以及管线类型、材质等属性。

管线测绘清晰明确(C_{22})。要求服务单位能够在测量地下管线的基础上,绘制出符合建设管理单位使用要求的地下管线测绘成果,有关测绘成果应表述准确、清晰。对于可以实现动态更新、动态管理的测绘成果,可以适当加分。

4.2.3 交通流量分析与预测

交通流量分析与预测是分析市政交通建设项目所在区域交通流量现状构

成,分析市政交通建设项目建成后,在短期、中长期对区域交通流量的影响情况。该类项目服务质量第三级评价指标体系可以构建如下:

交通调查详细扎实(C_{21})。要求服务单位充分调研市政交通建设项目所在区域的经济社会、土地利用、人口分布等现状情况,调研掌握区域未来发展情况,全面了解有关发展规划情况等。

交通流量预测科学(C_{22})。要求服务单位合理选用有关交通流量预测方法、理论模型与有关预测工具,在影响区划定、参数选定等方面科学合理,预测过程严谨科学,符合有关专业技术要求。

评估结论合理可信(C_{23})。要求服务单位对市政交通建设项目对交通流量的分析与预测能够做出合理可信的研究结论,能够为项目建设管理单位研究决策等提供科学依据。

4.2.4　施工图审查

市政交通建设项目施工图审查,是指项目建设管理单位委托具有有关资质要求的施工图审查机构,对施工图涉及公共利益、公众安全、有关工程建设强制性标准规范的情况进行审查。该类项目服务质量第三级评价指标体系可以构建如下:

审查依据充分(C_{21})。要求服务单位在审查过程中对国家、行业、地方有关规范文件把握充分,尤其是涉及市政交通工程相关的审查依据,要切实做好依据合理、充分。

审查内容全面(C_{22})。要求服务单位对市政交通工程建设项目施工图进行全方面审查,对抗震等各个方面进行细致审查,切实发挥施工图审查的作用。

审查结论安全可信(C_{23})。要求服务单位做出的施工图审查结论安全详实,为项目建设管理单位提供可行的审查结论。

4.2.5　防洪评价

防洪评价是对拟建于河道管理范围内的市政交通建设项目,对河道泄洪、河势稳定等方面的可能影响进行分析研究、综合判断,提出可用的补救措施等。该类项目服务质量第三级评价指标体系可以构建如下:

基础资料及河道演变掌握情况（C_{21}）。要求服务单位全面掌握评估河道区域内的基础资料，包括流域位置、防洪标准、附近水利工程情况以及规划情况、流域未来规划情况，以及该流域河道演变历程等，为评估提供坚实的研究基础。

防洪评价计算合理可信（C_{22}）。评价计算方法得当，对拟建市政交通建设项目对于壅水分析、水动力条件、桥墩冲刷分析等建立合理的数学模型或物理模型，参数设置科学合理。

防洪综合评价准确（C_{23}）。要求服务单位对拟建市政交通建设项目对河道流域影响、防洪评价结论准确，为项目建设管理单位决策提供科学可信的依据。

防治和补救措施合理实用（C_{24}）。要求所提出的防治工程措施科学合理，能够切实消除或避免防洪不利影响，且对工程量估算基本准确，与主体工程建设的进度协调合理。

4.2.6　环境影响评价

环境影响评价主要是对拟建的市政交通建设项目对区域环境影响进行系统分析，并提出针对性的防治措施，在当前强调绿色发展、高质量发展的时代背景下，工作要求不断提高。该类项目服务质量第三级评价指标体系可以构建如下：

基础资料掌握情况（C_{21}）。要求服务单位全面掌握环境影响评价区域内的基础资料，包括区域土地利用情况、环境要素情况、拟建工程项目概况等，为评估提供坚实的研究基础。

区域环境影响因素识别准确（C_{22}）。要求服务单位能够全面、准确识别出拟建市政交通建设项目对区域环境、生态可能产生的不利影响和损害，能够科学合理论证研究。

环境影响评价方法科学合理（C_{23}）。要求对拟建市政交通建设项目所产生的各种环境污染和生态破坏，包括大气环境污染、水环境污染、噪声污染等，选用客观合理的评估方法，而不能简单、主观、直观判断。

环境影响评价结论合理可信（C_{24}）。要求服务单位对拟建市政交通建设项目可能产生的环境污染和生态破坏做出的评价结论合理、可信，能够为项目建设管理单位提供科学依据。

环境影响防治措施合理妥当（C_{25}）。要求服务单位提出的环境污染防治措施合理适用,能够切实避免或者降低拟建项目对于区域周边环境造成的不利影响,且具有良好的经济性和可实施性。

4.2.7 地震安全性评价

地震安全性评价是指对拟建市政交通建设项目的场址及周围区域的地震地质条件、地球物理场环境、地震活动一般性规律等进行深入研究,在此基础上,采用一定的地震危险性概率分析方式,结合工程地震风险防控水平,给出工程设计地震加速度等防震设计参数等。该类项目服务质量第三级评价指标体系可以构建如下:

基础资料掌握情况(C_{21})。要求服务单位全面掌握地震安全性评价区域内的基础资料,包括地震地质条件、地球物理场、历史地震影响等。有关材料均具有可信的来源,能够为评估提供坚实的研究基础。

地震安全性评价方法科学合理(C_{22})。要求选用先进、科学的地震安全性评估方法,包括地震构造法、地震危险性概率分析等。

地震安全性评价结论合理可信(C_{23})。要求给出的地震活动性参数准确,对工程建设场地地震危险性作出可信的评估判断,能够为项目建设管理单位提供科学依据。

4.2.8 地质灾害危险性评价

地质灾害危险性评价是充分调查研究区域地质灾害活动历史、形成条件、变化规律与发展趋势等,在此基础上研究崩塌、滑坡、泥石流、地面沉降等地质灾害发生的可能性与程度情况,分析评估地质灾害活动程度和危害能力。该类项目服务质量第三级评价指标体系可以构建如下:

基础资料掌握情况(C_{21})。要求服务单位全面掌握地质灾害危险性评价区域内的基础资料,包括地质灾害活动历史、形成条件、变化规律与发展趋势等,有关材料均具有可信的来源,能够为评估提供坚实的研究基础。

地质灾害危险性评价方法科学合理(C_{22})。要求服务单位根据现状评估和预测评估的情况,采取定性、半定量的方法综合评估地质灾害危险性程度,对拟建项目用地选址的适宜性作出科学评估。

地质灾害危险性评估结论合理可信(C_{23})。要求给出的地质灾害危险性分级科学准确,能够为拟建项目选定用地、防范地质灾害提供科学依据。

4.2.9 水下地形测量

水下地形测量是指测量江河、湖泊、港湾和近海水底点的平面位置和高程,并绘制水下地形图的测绘工作,为涉水市政交通建设项目规划建设提供依据。该类项目服务质量第三级评价指标体系可以构建如下:

测量方法科学合理(C_{21})。要求服务单位在陆地建立合理的控制网络,精细进行水下测深点定位、水深测量、水位观测,测合理选用断面索法、经纬仪或平板仪前方交会法、全站式速测仪极坐标法、无线电定位法、水下声学定位和差分GPS定位法等。

测量装备先进适用(C_{22})。要求服务单位合理选用测深杆、测深锤和回声测深仪等器具,精准高效地完成水下地形测绘工作。

测绘图纸清晰实用(C_{23})。要求服务单位在完成测绘后,向项目建设管理单位提供表述准确、清晰反映水下地形情况的测绘图纸。

4.2.10 水土保持方案编制

水土保持方案研究编制的主要目的是加强在山区、丘陵区以及风沙区内开发建设市政交通建设等项目的水土保持管理,防止人为造成或加剧水土流失,以保护水土资源、改善生态环境。该类项目服务质量第三级评价指标体系可以构建如下:

水土影响分析预测科学合理(C_{21})。要求分析市政交通建设项目选址选线进行水土保持制约性因素,分析土石方填挖、施工组织分析的水土保持合理性,合理选定弃渣场,分析表土资源保护与利用情况,对可能的水土流失情况进行合理估算预测。

水土保持方案合理可行(C_{22})。要求论证确定水土流失防治功能的措施,包括拦挡、边坡防护、防洪排导、土地整治等,明确其布设位置、结构类型和规模,提出合理的水土保持监测方法,分析论证水土保持效益。

4.2.11 航道通航条件影响评价

航道通航条件影响评价是指在建设与航道有关的工程项目前,按照国家现行有关规定和技术标准规范要求,论证评价拟建工程对航道通航条件的影响,提出减小或者消除影响的对策措施。该类项目服务质量第三级评价指标体系可以构建如下:

航道通航条件影响分析科学合理(C_{21})。要求分析拟建项目所在河段、湖区、海域的自然条件、水上水下设施、航道与通航安全状况,合理开展市政交通建设项目的选址分析和河床演变分析,路政设计通航水位确定情况,对桥跨布置方案、墩柱防撞标准等进行合理分析。

航道通航条件保持措施得当可行(C_{22})。要求论证提出减小或者消除对航道通航条件影响的措施,提出合理、可行的航道与通航安全保障措施。

4.2.12 设计前期旧路、旧桥检测

设计前期旧路、旧桥检测是指在设计前期对拟建项目区域周边的既有道路、既有桥梁进行检测分析,研究论证其承载通行能力,确保能够满足项目施工等通行要求。该类项目服务质量第三级评价指标体系可以构建如下:

检测方法科学合理(C_{21})。要求服务单位在旧路、旧桥检测中,选用先进、科学、适用的检测方法,能够便捷、高效地检测出旧路、旧桥承载通行能力。

检测装备先进适用(C_{22})。要求服务单位选用先进、与检测方法相适应的检测装备,对既有旧路、旧桥不造成二次损伤。

检测结果合理可信(C_{23})。要求服务单位提报的检测结果合理可信,能够满足项目建设管理单位的决策需要。

4.2.13 控制性详细规划

控制性详细规划是以城市总体规划或区域规划为依据,确定拟建项目所在场地的土地使用性质和使用强度的控制指标,确定道路和工程管线控制性位置,明确空间环境控制要求。该类项目服务质量第三级评价指标体系可以构建如下:

规划研究深度（C_{21}）。要求充分掌握现状基础情况，控制性详细规划的研究深度符合国家、行业现行有关规定，对土地的使用性质、建筑控制参数等进行深入研究，满足项目建设管理单位管理需要。

规划文本成果质量（C_{22}）。要求控制性详细规划文本编制规范，体例设置合理，指标明确，规划图纸规范清晰，不出现文字表述、指标数据等方面的错误，尤其是不能出现数据造假、粗劣抄袭等方面的严重错误。

验收通过情况（C_{23}）。要求控制性详细规划成果顺利通过项目建设管理单位组织开展的各项内部审查会议、政府管理部门组织的验收审查会议，不能出现因研究不充分等问题致使未能通过评审的情况。

4.2.14 地铁隧道下穿既有建筑物安全性评估

地铁隧道下穿既有建筑物安全性评估是指在地铁隧道下穿既有各类建筑时，对地面既有建筑物可能产生的安全性影响进行分析、预测、评估。该类项目服务质量第三级评价指标体系可以构建如下：

评估方法科学合理（C_{21}）。要求全面调研地面建筑物分布情况、场地地质条件、水文地质、隧道埋深、和建筑物的位置关系等，分析地铁施工开挖等各种工况下对既有建筑物的安全性影响，综合运用评估模型、有限元分析软件等工具进行深入科学的分析。

评估结论合理可信（C_{22}）。要求服务单位提出的地铁隧道下穿既有建筑物安全性评估结论，能够为建设管理单位决策提供科学依据。

改善措施合理可行（C_{23}）。要求针对安全性评估中分析出来的可能性风险隐患、评估结论，提出有针对性的、能有效改善安全性能的工程技术与管理等措施。

4.2.15 施工环保验收报告编制

施工环保验收报告是指市政交通建设项目竣工后，根据现行竣工环境保护验收管理办法有关规定，依据环境保护验收监测或调查结果，结合运用现场检查等手段，考核市政交通建设项目是否达到环境保护要求。该类项目服务质量第三级评价指标体系可以构建如下：

评价基础资料掌握情况(C_{21})。要求服务单位全面掌握市政交通建设项目环境影响评价基础资料,包括项目环境影响报告、环评报告批复、有关环境影响监测报告、环境保护工程及措施的落实情况等。

环境影响验收方法科学合理(C_{22})。要求对已建市政交通建设项目竣工后所产生的各种环境污染和生态环境破坏,采用的各项配套环境保护设施建设情况、环境保护效果发挥情况等,选用客观合理的评估方法,而不能简单、主观、直观判断。

环境影响验收结论合理可信(C_{23})。要求服务单位对所建市政交通建设项目环境保护竣工验收进行深入总结分析,提出的验收结论合理、可信,能够为项目验收提供科学依据。

4.2.16 水土保持监测

市政交通建设项目水土保持监测,主要是对水土流失发生、发展、危害及水土保持效益进行长期的调查、观测和分析工作,以研究分析水土流失类型、强度与分布特征,调查水土流失危害发生发展规律、动态变化趋势,对水土流失综合治理和生态环境建设宏观决策提供依据。该类项目服务质量第三级评价指标体系可以构建如下:

监测方案科学合理(C_{21})。要求服务单位合理布设水土保持监测点,监测频率能够满足规定要求,监测方案能够顺利通过环保主管部门备案。

监测过程规范(C_{22})。要求服务单位在水土保持监测过程中按照有关标准实施,做到规范、合理。

监测成果全面完整(C_{23})。要求服务单位完成全面、完整的水土保持监测成果文件,监测数据完整,监测图纸资料齐备,按要求完成监测文件归档工作。监测中期报告、最终报告符合水土保持验收的有关规定要求。

4.2.17 工程实体质量监测抽测

工程实体质量监测抽测,是指为加强市政交通建设项目工程质量监督管理,确保工程主体结构实体质量,提升整体质量水平,根据有关规定及施工质量验收规范等有关规定和要求,对市政交通建设项目工程实体施工质量进行监督抽测。

该类项目服务质量第三级评价指标体系可以构建如下：

监测抽测工作符合要求（C_{21}）。工程实体质量监测抽测的主要项目符合要求，工程质量监测抽测频率满足规定要求，监测抽测方法与设施装备选用得当。

监测抽测结论客观合理（C_{22}）。工程实体质量监测抽测的结论能够为项目建设管理单位提供有力依据，满足主管部门有关工程质量管理的规定。

4.2.18 工程质量常规检测

市政交通建设项目工程质量常规检测，是指依据国家有关法律、法规和工程建设强制性标准，对涉及结构安全项目的抽样检测和对进入施工现场的建筑材料、构配件的见证取样检测。该类项目服务质量第三级评价指标体系可以构建如下：

检测工作科学规范（C_{21}）。严格执行有关工程建设标准和国家有关规定，在建设单位或者工程监理单位的监督下现场取样。提供质量检测试样的单位和个人，应当对试样的真实性负责。严格将检测过程中发现的建设单位、监理单位、施工单位违反有关法律、法规和工程建设强制性标准的情况，以及涉及结构安全检测结果的不合格情况，及时报告工程所在地建设主管部门。

检测内容与方法符合要求（C_{22}）。检测内容包括水泥物理力学性能检验、钢筋力学性能检验、砂石常规检验、混凝土及砂浆强度检验、预应力钢绞线与锚夹具检验、沥青及沥青混合料检验。各项检测方法与检测工具装备选择合理、得当。

检测结论客观合理（C_{23}）。工作质量常规检测的结论能够为项目建设管理单位提供有力依据，满足主管部门有关工程质量管理的有关规定。

4.2.19 水土保持评估验收

水土保持评估是对水土保持设施进行验收评估，对水土保持方案实施情况、有关问题整改落实情况、是否存在不宜验收的重大问题或隐患等进行评估。该类项目服务质量第三级评价指标体系可以构建如下：

基础资料掌握情况（C_{21}）。要求服务单位全面掌握市政交通建设项目水土保持基础资料，包括水土保持方案报告、环评报告及批复，水土保持工程设计及有关变更资料,水土保持施工、监理、竣工验收材料等。

水土保持评估方法科学合理(C_{22})。要求评估内容全面,包括水土流失防治责任范围划定、水土保持措施实施情况评估、水土保持措施质量评估、水土保持监测、水土保持监理等,各项评估方法客观、合理,能有效避免简单分析、主观臆断。

水土保持评估结论合理可信(C_{23})。要求服务单位对所建市政交通建设项目水土保持情况进行深入总结分析,提出的验收结论合理、可信,能够为项目验收提供科学依据。

4.2.20 第三方高支模及基坑监测

第三方高支模及基坑监测是指在高支模或基坑开挖施工过程中,对基坑岩土性状、支护结构变位和周围环境条件的变化,进行各种观察及分析工作,并及时反馈监测结果,对后续施工可能导致的变形及稳定状态进行预测,分析判断施工对周围环境造成影响的程度。该类项目服务质量第三级评价指标体系可以构建如下:

监测方案科学合理(C_{21})。要求服务单位设计的监测方案科学,能够全面涵盖监测内容、满足施工需求,包括支护结构顶部水平位移、道路沉降、坑边地面沉降、支护结构深部水平位移、锚杆拉力、挡土构件、地下水位情况等;监测方法合理,监测点布设合理、完善,监测预警值设置合理,监测周期符合时机需要。

监测设备先进适用(C_{22})。要求根据监测方案和实际需要,选择技术先进、功能适用的各类型监测设备。

监测过程规范(C_{23})。要求服务单位在高支模及基坑监测过程中,严格按照有关标准实施,做到规范、合理。

监测成果全面完整(C24)。要求服务单位完成全面、完整的监测成果文件,监测数据完整,监测图纸资料齐备,按要求完成监测文件归档工作。

4.2.21 涉地铁及高速公路等监测监控

市政交通建设项目对涉地铁及高速公路等监测监控,主要是监测监控、跟踪分析建设项目对既有铁路、高速公路等的影响,从而避免对既有地铁、高速公路等产生不利影响。该类项目服务质量第三级评价指标体系可以构建如下：

监测监控方案科学合理（C_{21}）。要求服务单位合理设计监测监控方案，监测监控布设点设置合理，监测监控频率能够满足规定要求，能够及时、准确地反映在建项目对既有地铁、高速公路在沉降变形等方面的影响。

监测监控过程规范（C_{22}）。要求服务单位在涉地铁及高速公路等监测监控过程中，严格按照有关标准实施，做到规范、合理。

监测监控成果全面完整（C_{23}）。要求服务单位完成全面、完整的监测监控成果文件，监测监控数据完整，按要求完成监测监控文件归档工作。

4.2.22 质量安全鉴定

质量安全鉴定是通过对市政交通建设项目进行质量鉴定，包括材料性能、构件状况、整体承载能力等，以全面鉴定其质量安全性能。该类项目服务质量第三级评价指标体系可以构建如下：

质量安全鉴定方案科学合理（C_{21}）。要求服务单位合理设计质量安全鉴定技术方案，符合有关规范标准要求，能够全面、准确地鉴定评估对象质量安全性能，满足建设管理单位对于后续开通运营等决策的支撑需要。

鉴定过程规范（C_{22}）。要求服务单位在评估鉴定过程中，严格按照有关标准实施，做到规范、合理。

质量安全鉴定成果全面完整（C_{23}）。要求服务单位完成全面、完整的质量安全鉴定成果文件，鉴定结论真实可信，按要求完成质量安全鉴定成果文件的归档工作。

4.2.23 环境保护监测

环境保护监测是对在建或已建市政交通建设项目区域的环境质量状况进行监视和测定，评估确定环境污染状况和环境质量情况，为环境保护有关决策提供依据。该类项目服务质量第三级评价指标体系可以构建如下：

监测方案科学合理（C_{21}）。要求服务单位根据所在区域的环境敏感因素、工程建设项目可能产生的各种环境影响，合理设计环境保护监测方案，合理布设监测点，按要求确定监测频率。

监测过程规范(C_{22})。要求服务单位在环境保护监测过程中按照有关标准实施,做到规范、合理。

监测成果全面完整(C_{23})。要求服务单位完成全面、完整的环境保护监测成果文件,监测数据完整,能够按要求完成监测文件归档工作。

4.2.24 工程造价咨询

工程造价咨询是对市政交通建设项目的工程造价确定与控制,提供专业化咨询服务,出具工程造价成果文件。该类项目服务质量第三级评价指标体系可以构建如下:

研究深度(C_{21})。要求充分掌握现状基础情况,研究深度符合国家、行业现行有关规定,对造价控制情况进行深入研究,满足项目建设管理单位管理需要。

咨询报告质量(C_{22})。要求咨询报告文本编制规范,体例设置合理,数值明确,表述清晰,不出现文字表述、数据失准等方面的错误,尤其是不能出现数据造假、粗劣抄袭等方面的严重错误。

4.2.25 招标代理

招标代理是辅助市政交通建设项目招标人编制招标文件,组织开标评标选择能力强和资信好的投标人,以保证工程项目的顺利实施和建设目标的实现。该类项目服务质量第三级评价指标体系可以构建如下:

准确理解把握招投标政策(C_{21})。准确理解把握政策文件,合理设置招标资格条件和业绩要求,能够对招标文件中易被投诉的风险点进行排查和制定应对预案。

招标文件编制质量(C_{22})。招标文件编制严格符合有关法规与规章要求,杜绝因与图纸及预算清单对照审核过程不仔细而导致工程量清单中出现明显错漏等问题。

招标过程情况(C_{23})。招标评标各工作环节均严格遵照有关法规及规章要求。在开评标环节中认真核对招标文件规定的废标条件,尽到注意、提醒义务。未经招标人审定禁止对外报出或发放招标相关文件及资料。

4.2.26 工程地质勘察

工程地质勘察是调查研究市政交通建设项目建设场地的工程地质条件,包括场地地形、地貌、地质构造、地层岩性、不良地质现象以及水文地质条件等,根据工作内容包括地质测绘、勘探、室内实验、原位测试等,为工程建设规划、设计、施工提供必要的依据及参数。按工程建设的阶段,工程地质勘察一般划分为规划选址工程地质勘察、初步设计工程地质勘察和施工图设计工程地质勘察。该类项目服务质量第三级评价指标体系可以构建如下:

勘察方案制定情况(C_{21})。要求方案编制前进行现场踏勘和摸查,编制勘察大纲(含勘察方案),在勘察阶段根据条件变化及时调整勘察大纲。根据业主要求的岩土工程勘察大纲模板、市政工程勘察管理工作指引,以及稳定设计方案进行勘察大纲编制。

勘察工作过程情况(C_{22})。以工程地质详细勘察为例,严格按照勘察大纲进行勘察作业。对于需占用道路、水域的,或需占用堤岸、管线、地铁、铁路等保护范围的,及时办理相关审批手续。按相关规定落实现场安全文明施工措施。钻孔数量和深度满足勘察大纲和规范要求。

勘察成果情况(C_{23})。原始记录和取样真实、准确、完整,避免存在追记或补记情况。勘察成果资料(含工程测量和物探)编制深度符合规范要求,内容完整。坚决杜绝弄虚作假、提供虚假工程勘察资料。提交详勘报告时同步提交岩土工程详勘成果交付表。勘察资料装订完整,不存在漏页漏章现象,提供完整纸版和CAD版。

勘察成果运用方面(C24)。对参建各方勘察文件技术交底齐全、重难点突出,对所反映问题均能给予明确答复。及时参与施工验槽、验桩。按业主要求及时进场进行补勘作业。

4.2.27 工程方案设计

工程方案设计是指根据市政交通建设项目建设要求,对所需的技术、质量、经济、资源、环境等条件进行综合分析、论证,编制建设工程设计文件。该类项目服务质量第三级评价指标体系可以构建如下:

设计方案制定(C_{21})。要求提前踏勘、摸查现场并搜集相关资料,主动与相关单位沟通协调并协助业主取得书面意见,合理纳入相关单位意见,合理界定设计范围和边界,进行设计方案和技术经济比选分析。

设计成果质量(C_{22})。设计图纸深度满足相关设计阶段要求。杜绝因为设计原因导致设计内容遗漏或设计专业遗漏。吸纳既有航评、环评、防洪、水保等成果资料,落实相关措施。能够一次性通过评审,评审通过后合理纳入相关意见。图纸装订完整,不存在漏页漏章现象,及时提供完整纸版和CAD版图纸。

4.3 专业库评价指标体系中评价指标权重研究

结合第2章关于建设项目评价指标权重计算一般性理论,采用多层次模糊综合分析法确定专业库评价指标体系中的评价指标权重,即对于各评价指标权重系数,对各层级所含评价指标的重要程度进行两两权衡比较,采用"1—9"标度法进行量化计算。

4.3.1 专业库评价指标体系第二级评价指标权重研究

通过"1—9"标度法两两确定二级指标的相对权重,由此构建二级评价指标权重判断矩阵,见表4—1。

表4—1　　　　　　　第二级评价指标权重判断矩阵

B	B_1 服务态度	B_2 服务质量	B_3 服务效率	B_4 一般性不良行为
B_1 服务态度	1.00	0.20	1.00	0.50
B_2 服务质量	5.00	1.00	2.00	2.00
B_3 服务效率	1.00	0.50	1.00	1.00
B_4 一般性不良行为	2.00	1.00	0.50	1.00

可求出第二级评价指标B的权重向量:$W=(0.13,0.48,0.17,0.22)$。对该判断矩阵进行一致性计算后,可判断具有良好的一致性,矩阵取值合理。

4.3.2 专业库评价指标体系第三级评价指标权重研究

1. 服务态度(B_1)第三级评价指标计算

通过"1—9"标度法两两确定第三级指标的相对权重,可计算第三级评价指标的判断矩阵向量 $W=(0.28,0.33,0.39)$,由此可以得出第三级评价指标的权重向量为 $W=(0.036,0.043,0.051)$。

2. 服务质量(B_2)第三级评价指标计算

计算不同类型项目第三级评价指标权重,如表4—2所示。

表4—2　　　　　不同类型项目服务质量第三级评价指标权重取值

序号	项目类型	C_{11}	C_{12}	C_{13}	C_{14}	C_{15}
1	可行性研究与项目建议书编制	0.134	0.211	0.134	—	—
2	地下管线探测	0.240	0.240	—	—	—
3	交通流量分析与预测	0.106	0.211	0.211	—	—
4	施工图审查	0.082	0.178	0.221	—	—
5	防洪评价	0.086	0.168	0.168	0.058	—
6	环境影响评价	0.058	0.110	0.134	0.120	0.058
7	地震安全性评价	0.106	0.211	0.211	—	—
8	地质灾害危险性评价	0.106	0.211	0.211	—	—
9	水下地形测量	0.230	0.158	0.091	—	—
10	水土保持方案编制	0.240	0.240	—	—	—
11	航道通航条件影响评价	0.322	0.158	—	—	—
12	设计前期旧路、旧桥检测	0.230	0.158	0.091	—	—
13	控制性详细规划	0.134	0.211	0.134	—	—
14	地铁隧道下穿既有建筑物安全性评估	0.120	0.240	0.120	—	—
15	施工环保验收报告编制	0.082	0.178	0.221	—	—
16	水土保持监测	0.178	0.082	0.221	—	—
17	工程实体质量监测抽测	0.240	0.240	—	—	—

续表

序号	项目类型	权重取值				
		C_{11}	C_{12}	C_{13}	C_{14}	C_{15}
18	工程质量常规检测	0.134	0.211	0.134	—	—
19	水土保持评估	0.082	0.178	0.221	—	—
20	第三方高支模及基坑监测	0.154	0.110	0.125	0.091	—
21	涉地铁及高速公路监测监控	0.178	0.082	0.221	—	—
22	质量安全鉴定	0.134	0.211	0.134	—	—
23	环境保护监测	0.134	0.211	0.134	—	—
24	工程造价咨询	0.240	0.240	—	—	—
25	招标代理	0.106	0.211	0.211	—	—
26	工程地质勘察	0.125	0.110	0.154	0.091	—
27	工程方案设计	0.158	0.322	—	—	—

3. 服务效率(B_3)第三级评价指标计算

通过"1—9"标度法两两确定第三级指标的相对权重,可计算第三级评价指标的判断矩阵向量:$W=(0.50,0.50)$,由此可以得出第三级评价指标的权重向量为$W=(0.085,0.085)$。

4. 一般性不良行为(B_4)第三级评价指标计算

通过"1—9"标度法两两确定第三级指标的相对权重,可计算第三级评价指标的判断矩阵向量:$W=(0.33,0.39,0.28)$,由此可以得出第三级评价指标的权重向量为$W=(0.073,0.086,0.062)$。

规模以下政府投资市政交通建设项目的 27 类项目评价指标模型参见本书附录《规模以下政府投资项目合同履约评价模型清单》。

4.4 专业库评价指标体系中评价指标分值确定

对于规模以下政府投资市政交通建设项目专业库评价,根据服务单位在项目合同履约中的实际情况,评定服务单位在各个指标方面的工作及表现情况,即评定相应等级或指标分值。其中，评定相应等级即评定为优秀、良好、及格、不合格几个档次。评定指标分值即确定有关具体数值，可根据实际情况采用直接打分法或概率评定法。

另外，根据实际工作需要，项目建设管理单位可采用定期评价或结束后评价的方式进行专业库评价。

4.5 本章小结

本章对规模以下政府投资市政交通建设项目专业库评价体系进行研究，首先针对项目类型复杂、合同管理难度较大的特点，考虑不同类型的规模以下政府投资市政交通建设项目兼具共性与差异性，建立既简便可行，又能在一定程度上反映该类型项目特点、管理关键点的三级评价指标体系。

评价指标总体架构方面，建立服务态度、服务质量、服务效率、一般性不良行为四个二级指标，在每一项第二级指标下设置第三级评价指标。考虑到不同类型项目在服务质量方面具有差异，本章对27类典型规模以下市政交通建设项目的服务质量以下第三级评价指标进行了细化研究，建立了体现差异性的服务质量第三级评价指标体系。

基于评价指标权重研究的理论，结合市政交通建设项目的特点，本章研究给出了各级评价指标权重，尤其是针对27个典型项目类型，给出了服务质量第三级评价指标权重。

最后基于服务单位在履约过程中的情况，对其在各个评价指标方面的表现进行评价打分，然后叠加权重，得出最终评价结论。另外，本章所建的评价模型，可以结合实际采用定期评价或结束后评价的方式开展。

第 5 章

履约诚信评价结果的应用

5.1 在项目全过程管理中的应用

项目全过程管理是指在项目从选定服务单位、准备阶段、实施阶段、完成验收、总结评估的各个管理阶段,项目建设管理单位对每一个阶段进行相应管理,确保达到该阶段预期管理目标。项目全过程管理对于科学、有效地提高项目管理水平具有重要意义,得到项目建设管理单位的重视。

项目全过程管理是一种管理模式与方法,在具体实施过程中可以结合各类管理模型、管理工具。随着目前项目管理发展形势与趋势,以项目合同为主要约束限制目标,在各个管理阶段,或者在每个管理阶段内以固定的时间间隔,对服务单位履约情况进行评价,即在项目全过程管理中运用履约诚信评价模型,具有明显的可操作性和实际意义,具体如图5—1所示。

以规模以上政府投资市政交通建设项目为例,将履约诚信评价模型应用于全过程项目管理,一般是由项目建设管理单位选定固定的管理人员,以相对固定的时间间隔(根据实际情况可以选为一个月或者一个季度),根据本书确定的规模以上项目履约诚信评价模型,对工程建设承担单位的各种履约行为进行评价,

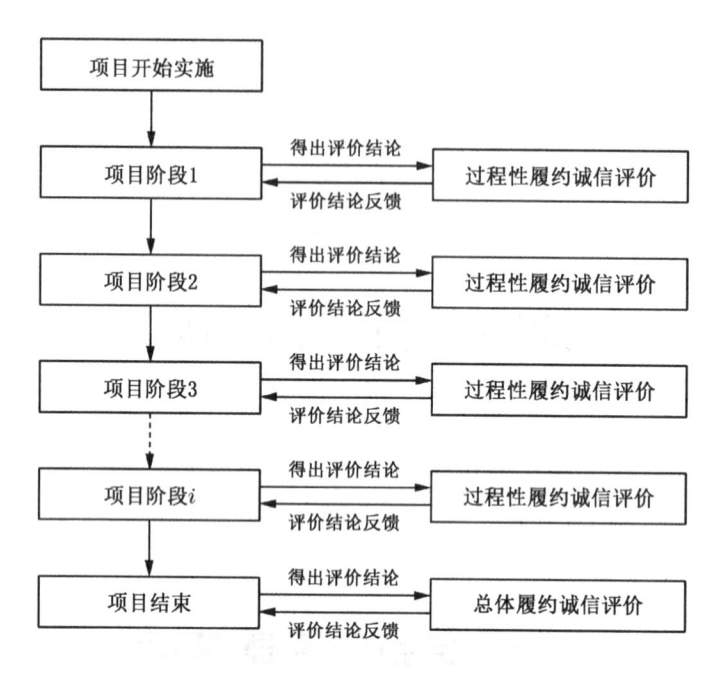

```
         ┌──────────────┐
         │  项目开始实施  │
         └──────┬───────┘
                ↓
         ┌──────────────┐  得出评价结论   ┌──────────────────┐
         │   项目阶段1   │ ─────────────→ │ 过程性履约诚信评价 │
         │              │ ←───────────── │                  │
         └──────┬───────┘  评价结论反馈   └──────────────────┘
                ↓
         ┌──────────────┐  得出评价结论   ┌──────────────────┐
         │   项目阶段2   │ ─────────────→ │ 过程性履约诚信评价 │
         │              │ ←───────────── │                  │
         └──────┬───────┘  评价结论反馈   └──────────────────┘
                ↓
         ┌──────────────┐  得出评价结论   ┌──────────────────┐
         │   项目阶段3   │ ─────────────→ │ 过程性履约诚信评价 │
         │              │ ←───────────── │                  │
         └──────┬───────┘  评价结论反馈   └──────────────────┘
                ⋮
         ┌──────────────┐  得出评价结论   ┌──────────────────┐
         │   项目阶段i   │ ─────────────→ │ 过程性履约诚信评价 │
         │              │ ←───────────── │                  │
         └──────┬───────┘  评价结论反馈   └──────────────────┘
                ↓
         ┌──────────────┐  得出评价结论   ┌──────────────────┐
         │   项目结束    │ ─────────────→ │  总体履约诚信评价  │
         │              │ ←───────────── │                  │
         └──────────────┘  评价结论反馈   └──────────────────┘
```

图 5－1　项目全过程管理中运用履约诚信评价模型

从而对项目进行有效管理的管理模式。该方法易于实际操作，简便可行。

将履约诚信评价模型应用于项目全过程管理，具有明显的实际意义。对于项目建设管理单位而言，通过选派人员承担项目全过程评价，可以实现全过程、全方位、最大深度参与项目建设管理，能够督促项目建设承担单位全面做好工程建设、认真履约，提高项目全过程管理水平，既为项目建设管理单位提供了更加科学的管理工具手段，还可以提高项目建设管理单位评价人员的工作能力，达到"以评带学"的培养目标。对于项目建设承担单位而言，可以帮助其及时发现管理中的薄弱环节、工程质量存在的问题、工程安全存在的风险隐患等，可以提升项目管理水平、建设质量水平，达到"以评促建"的良好效果。

履约诚信评价模型在规模以上政府投资市政交通建设项目管理中的应用，要点主要有以下几个方面：

一是项目建设管理单位要选定固定的管理人员。由于规模以上项目整个管理周期较长，在项目周期内需要进行多次期间履约诚信评价。选定固定的管理人员,可以对本次评价各项指标表现情况与上一次指标情况进行合理比较、分析,对项目承担单位的履约诚信动态情况作出科学分析,可以在一定程度上避免不同评价人员由于主观性与经验不同等作出不同的评价结论,更具实际意义。

二是确定合理的履约诚信评价时间间隔。如果项目建设管理单位评价人员履约评价的时间间隔过大,可能会错过项目管理阶段的主要内容、关键工作节点,从而降低项目全过程管理的实际意义;如果评价时间间隔过小,则会增加项目建设管理单位的管理成本,进而对项目承担单位造成不利影响。一般而言,工程施工周期较长、施工工序较为简单的项目,评价时间间隔可以适当增大;工程施工周期较短、施工工序较为负责的项目,评价时间间隔可以适当缩短。

三是客观评价工程建设承担单位的各种履约行为。项目建设管理单位评价人员在项目期间中的评价,应尽量增加定量评价,尽量用定量评价来替代定性评价,如施工材料质量鉴定情况、人员与施工装备数量配置情况等,用实际的材料鉴定材料、装备数量材料等来予以佐证,尽量降低评价的主观性,避免评价人员简单到现场视看一下即根据表面情况、短期印象来进行肤浅、表层的评价。

四是合理运用过程性履约诚信评价结论。对于项目期间的每一次履约诚信评价,评价人员应迅速将评价结论报告项目建设管理单位,由项目建设管理单位反馈给项目建设承担单位,并可以通过奖励性加分等方式鼓励良好表现,通过合理控制资金拨付、扣分等方式惩罚不良表现,即实现针对性动态管理。对于项目结束后综合总结评价中,要全面考虑项目期间的履约诚信评价结果,对项目建设承担单位在整个项目周期内的履约诚信情况进行科学、全面的评价。

5.2 在履约诚信评价体系和专业库管理中的应用

根据规模以上、规模以下政府投资市政交通建设项目的主要特点与管理风险分布,项目建设管理单位可以采用相应的管理模式。对于市政交通工程施工类等规模以上项目,可以采用履约评价体系进行管理;对于项目可行性研究、招标代理等规模以下项目,针对具体业务类型不同可以采用项目专业库管理,以提高管理的规范化和科学化水平。

履约诚信评价模型可以应用于规模以上项目履约评价与规模以下项目专业库建设中,可以为过程中的定期评价、项目结束后的综合评价提供具体评价方法,进而为项目评价、项目管理提供科学依据和重要支撑。一般而言,其应用内容与管理效果主要包括以下几方面:

1. 履约诚信评价信息记录存档

项目建设管理单位可以将项目承担单位履约诚信评价结论的各类信息进行全面记录、长期存档,为后续各项管理提供依据。具体而言,对于项目实施过程中的定期性履约诚信评价,应详细记录评价内容、评价阶段、评价时间、评价结论、后续改进情况,条件允许时,还应该将支撑评价结论的有关支撑材料,包括材料鉴定材料、装备数量材料等,整理存档或者扫描为电子材料予以记录和存档。对于项目结束后的综合评价,可以记录其评价时间、评价内容、评价结论等,尤其是项目验收后的有关验收材料,包括工程竣工质量验收、水土保持验收等,有关材料应能充分体现出过程中定期性履约诚信评价与项目结束后综合评价结论之间的关系。

记录、存档的履约诚信评价信息的主要用处和效果主要体现在后续项目建设管理单位开展相关项目时,可以在选定项目承担单位时调取该项目以往历史中承担项目时的履约诚信评价结论,为确定承担单位参考。另外,对于项目建设管理单位自身而言,通过总结同类项目不同承担单位的履约诚信评价结论,梳理共性表现特征,可以发现该类项目在管理上的重难点问题及有效应对策略,即将零散的评价结论总结提炼为项目建设管理单位的整体经验,为后续提高项目管理水平提供有力支撑。

2. 履约诚信评价定期排序

履约诚信评价定期排序,即对于同一时期内为项目建设管理单位提供服务的各个单位,将其履约诚信评价情况进行对比,并按照评价得分由高到低进行排序。在排序中,应充分体现可比性,即应该根据项目类型的不同,进行相应排序,每种类型项目均具有相应的履约诚信评价排序。在评定时期方面,可以根据实际情况采用季度性排序、年度性排序,即按照一个季度或一个年度内履约诚信评价结论将各个服务单位进行排序。

履约诚信评价定期排序的主要用处、效果主要体现在:对于项目建设管理单位,可以明确各个不同类型各个服务单位履约诚信评价总体情况,明确总体排序、各服务单位在不同评价指标表现情况;对于项目服务单位,可以通过横向比较,发现自身表现的主要不足,向履约评价优秀的服务单位进行学习,从而创造出"比学赶超"的良好氛围,形成较好的从业环境。

3. 专业库动态调整

专业库动态管理,即项目建设管理单位对规模以下项目专业库内的服务单位实施"有进有出"的动态管理,及时将履约诚信评价较差、未采取改进措施或采取改进措施后仍然不能达到合格标准的服务单位,调整出专业库,并审慎吸纳动态评价情况较好的服务单位进入专业库。

专业库动态调整的主要用处与效果主要体现在,对于项目建设管理单位,可以确保专业库内服务单位均具有较好的履约诚信评价结果,确保专业库对于项目建设管理单位切实提供有效管理支撑。对于项目服务单位,由于被调整出专业库以后,不能再通过直接委托等方式参与项目服务,与项目建设管理单位的合作受到很大程度的不利影响,从而产生"警告""红线"意识,增强诚信履约评价的严肃性,督促项目服务单位高度重视、努力提高履约诚信评价表现。

4. 为行业主管部门实施履约诚信评价提供依据

基于当前整个行业对于履约诚信评价环境建设的迫切需要,需要将行业主管部门进行的履约诚信评价与项目建设管理单位的履约诚信评价进行有机结合,形成相互支撑、成果共享的良好关系,如图 5-2 所示。

具体来说,一方面,项目建设管理单位对与其有合作关系的服务单位进行履约诚信评价,将有关评价结论向行业主管部门共享,为行业主管部门确定整个行业履约诚信评价管理等提供支撑。另一方面,行业主管部门对整个行业履约诚信评价总体情况、各个服务单位履约诚信评价情况掌握并向社会公布后,项目建设管理单位也可以着重考虑,为有关工作提供有力支撑,比如在专业库动态管理中,引进新的项目服务单位时,可以选择在行业主管部门总体履约诚信情况较好的服务单位,从而提高管理的科学性。

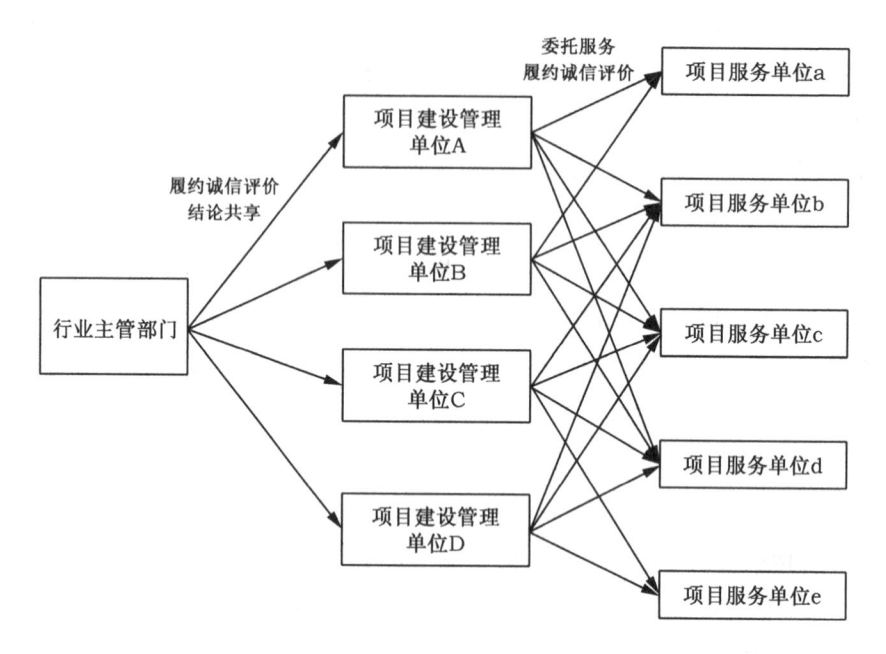

图 5-2　履约诚信评价结论共享

5.3 在项目招标"评定分离"确定中标单位中的应用

总结梳理目前广东省、江苏省、四川省、湖南省和浙江省等省份在实施项目招标"评定分离"确定中标单位的典型做法，主要包括以下几种：

其一，价格竞争定标法。评标委员会确定若干可选投标单位后，由项目建设管理单位通过价格竞争方法确定中标单位；

其二，票决定标法。由招标人组建定标委员会，以直接票决或者逐轮票决等方式确定中标单位；

其三，票决抽签定标法。评标委员会确定若干可供票决的投标单位，然后由招标人组建定标委员会，从进入票决程序的投标单位中，以投票表决方式确定不少于 3 家投标单位，以随机抽签方式确定中标单位；

其四，集体议事法。由招标人组建定标委员会，由招标人的法定代表人或者主要负责人担任定标委员会组长。定标委员会实施集体商议,定标委员会成员各自发表意见,由定标委员会组长最终确定中标单位。

但目前上述典型做法尚不够科学合理,尤其是对于履约诚信评价方面的考虑较少,对于投标单位以往履约诚信情况缺乏考量。可以说,目前考虑履约诚信评价的"评定分离"确定中标单位的方法上基本属于空白状态。实际上政府投资市政交通建设项目管理单位在项目招标"评定分离"中仍然面临难以合理、科学确定中标单位的难题。

履约诚信评价对于解决上述问题提供了很好的支撑,且适应当前行业内诚信环境建设的发展趋势,是支撑项目建设管理单位有效履职、科学确定中标单位的重要方法。基于履约诚信评价的项目招标"评定分离"确定中标单位的思路主要有以下两种:一是完全基于履约诚信评价确定中标单位;二是在现有"评定分离"方法中增加履约诚信评价有关内容。如表5-1所示。

表5-1　　　　基于履约诚信评价的"评定分离"中标单位确定方法

方法类别	方法名称	主要思路
基于履约诚信评价	履约诚信评价定标法	基于履约诚信评价结论确定"评定分离"中标单位
合并考虑履约诚信评价	考虑履约诚信评价的价格竞争定标法	在投标价格选择同时合并考虑履约诚信评价情况
	考虑履约诚信评价的票决定标法	在票决中考虑投标单位履约诚信评价情况
	考虑履约诚信评价的票决抽签定标法	在投票中考虑投标单位履约诚信评价情况
	考虑履约诚信评价的集体议事法	集体议事中明确将履约诚信评价情况作为考虑重要要素

基于履约诚信评价的项目招标"评定分离"确定中标单位的方法主要包括以下几种:

其一,履约诚信评价定标法。评标委员会根据评标规则,从所有投标单位中确定若干可选投标单位,由项目建设管理单位在投标单位中按照"履约诚信评价最优"的原则确定中标单位。其中,已具有以往履约诚信评价结论的投标单位,可以直接使用以往评价结论;对于新增投标单位、不具有以往履约诚信评价结论的投标单位,可以由项目建设管理单位根据其业绩、资质、获得奖励情况以及以往项目竣工验收等情况适当考量初评分数,并参与履约诚信评价定标。

其二,考虑履约诚信评价的价格竞争定标法。评标委员会根据评标规则,从所有投标单位中确定若干可选投标单位。由项目建设管理单位统筹考虑各单位投标价格及履约诚信评价情况,综合确定中标单位,即将投标价格、履约诚信评价评分赋予不同的权重,投标单位的最终得分由投标价格得分叠加履约诚信得分得到。对于合同价格较为敏感的项目,可以将投标价格权重适当增大,如可以采用0.6—0.8;将履约诚信评价得分权重适当降低,如可以采用0.2—0.4。反之,对于履约诚信评价情况较为敏感的项目,可以将履约诚信评价得分权重适当增大,如可以采用0.6—0.8;将投标价格权重适当降低,如可以采用0.2—0.4。

其三,考虑履约诚信评价的票决定标法。评标委员会根据评标规则,从所有投标单位中确定若干可选投标单位。由招标人组建定标委员会,以直接票决或者逐轮票决等方式确定中标单位,其中在票决阶段,应向所有定标委员明确履约诚信评价着重考虑的原则要求,并公布所有可供选择投标单位的履约诚信评价情况。对于新增投标单位和不具有以往履约诚信评价结论的投标单位,由定标委员会位根据其业绩、资质、获得奖励情况以及以往项目竣工验收等情况适当考量初评分数,并参与履约诚信评价定标。

其四,考虑履约诚信评价的票决抽签定标法。评标委员会根据评标规则,从所有投标单位中确定若干可选投标单位。进入票决定标阶段,由招标人组建定标委员会,从进入票决程序的投标单位中,以投票表决方式确定不少于3家投标单位,以随机抽签方式确定中标单位;在正式投票前,应向所有定标委员明确履约诚信评价着重考虑的原则要求,并公布所有可供选择投标单位的履约诚信评价情况。

其五,考虑履约诚信评价的集体议事法。评标委员会根据评标规则,从所有投标单位中确定若干可选投标单位。由招标人组建定标委员会,由招标人的法定代表人或者主要负责人担任定标委员会组长。定标委员会实施集体商议,定标委员会成员各自发表意见,其中在发表意见中应要求各位委员均对履约诚信评价情况发表意见,最终由定标委员会组长根据综合各位定标委员的意见,确定中标单位。

上述基于履约诚信评价的项目招标"评定分离"确定中标单位的方法，可根据实际情况选择，并合理确定履约诚信部分的权重、具体评定原则，但总体上均应强化考虑履约诚信评价情况，切实做到考虑履约诚信评价、工作方案合理可行。

5.4 本章小结

本章重点对履约诚信评价结果的应用进行了研究，主要包括三个方面：

在项目全过程管理的应用方面，由项目建设管理单位选定固定的管理人员，以相对固定的时间间隔，应用规模以上项目履约诚信评价模型，对工程建设承担单位的各种履约行为进行评价，从而对项目进行有效管理。

在履约诚信评价体系和专业库管理中的应用方面，应用内容主要包括履约诚信评价信息记录存档、履约诚信评价定期排序、专业库动态调整、行业主管部门实施履约诚信评价提供依据等。

在项目招标"评定分离"确定中标单位中的应用方面，创新性地提出了基于履约诚信评价的"评定分离"中标单位确定方法，主要包括履约诚信评价定标法、考虑履约诚信评价的价格竞争定标法、考虑履约诚信评价的票决定标法、考虑履约诚信评价的票决抽签定标法、考虑履约诚信评价的集体议事法。有关方法为政府投资市政交通建设项目在招标"评定分离"确定中标单位提供了急需的科学依据。

第 6 章

合同管理和履约诚信评价的信息化实现

6.1 合同委托的信息化管理

为进一步规范合同委托的信息化,加强政府投资市政交通项目的合同委托的管理,保留管理痕迹,使管理更程序化、规范化和科学化,有效地为工程服务,开发了业务协同管理系统——"市政交通工程建设项目合同委托管理"。

6.1.1 系统简介

系统主界面如图 6-1 所示,首页主要由合同管理、政府采购管理、工程招标管理、委托管理、补充合同、合同支付、合同结算、合同统计和实报实销 9 个模块组成。业务办理流程示意如图 6-2 所示。

第 6 章 合同管理和履约诚信评价的信息化实现 | 63

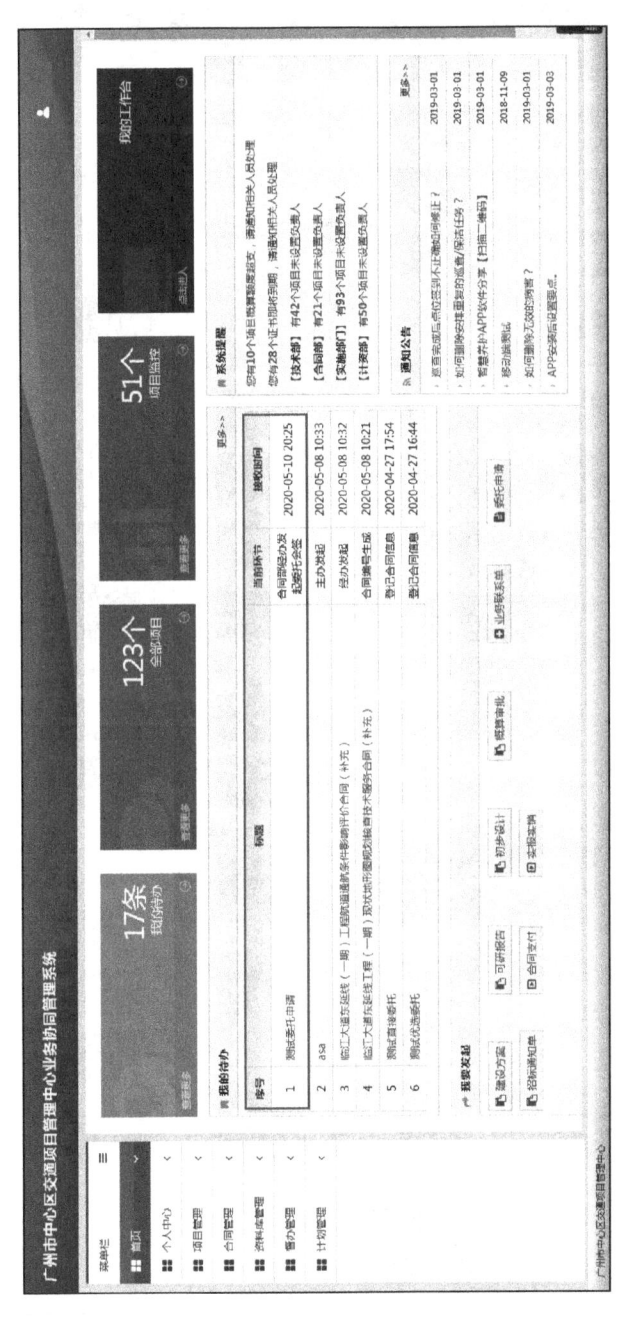

图6—1 系统主界面

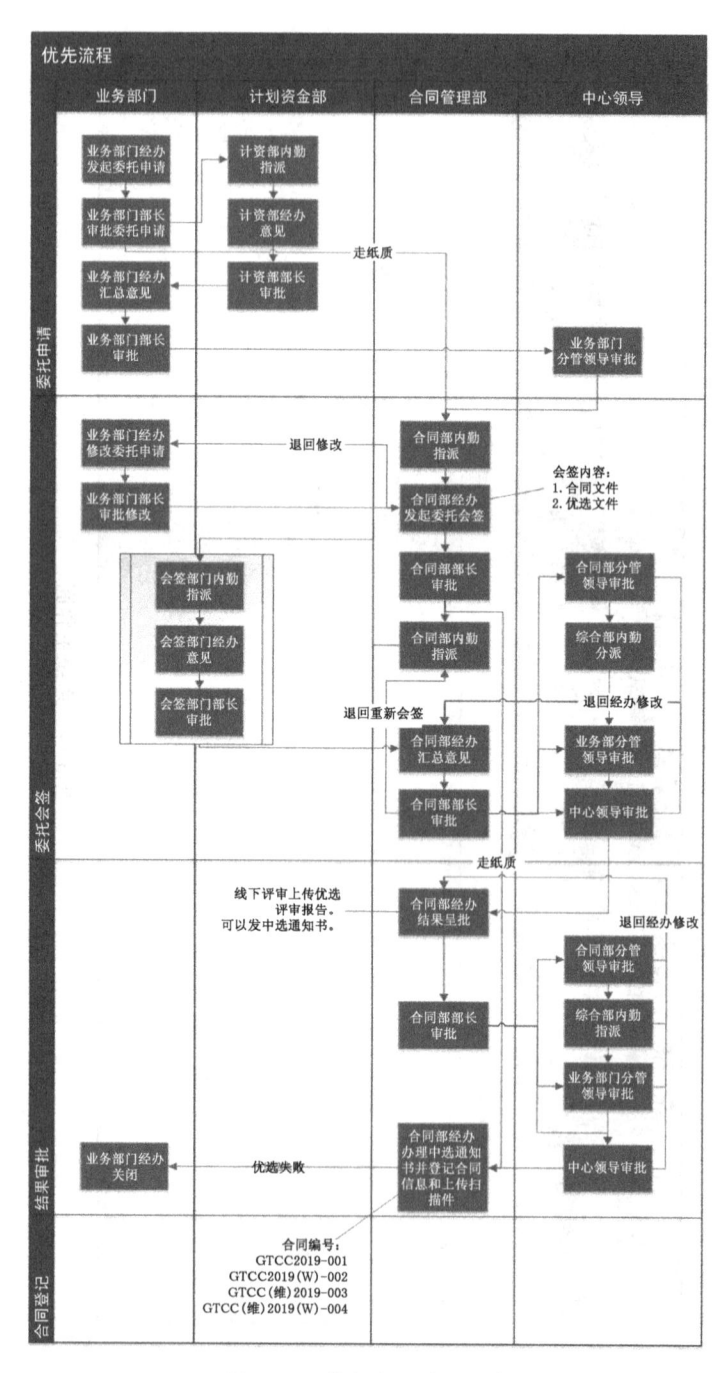

图 6-2 业务办理流程示意

6.1.2 模块功能的实现

6.1.2.1 合同管理

合同管理主要是用于发起委托申请(包括直接委托、优选询价、摇珠三种)、查询委托流程数据。

1. 委托会签/结果呈批

(1)合同部内勤进行流程指派(见图6-3)

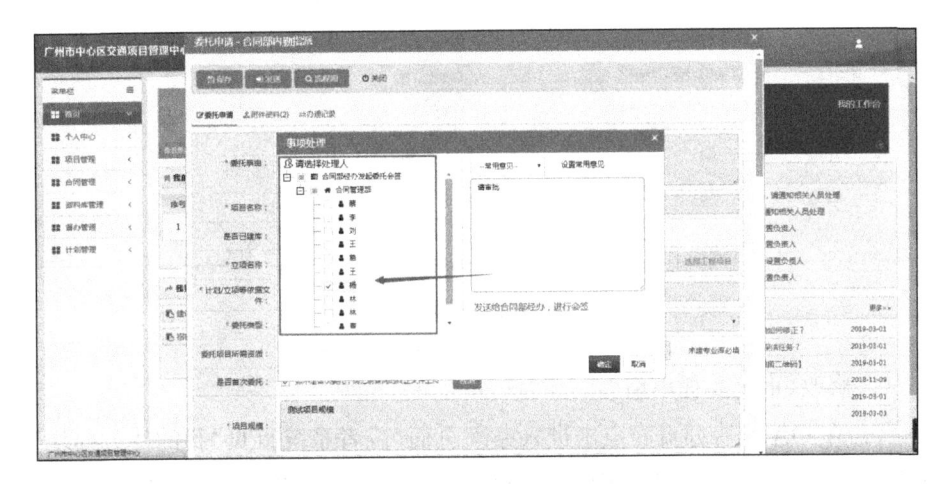

图6-3 流程指派

(2)直接委托/摇珠类型的委托。

流程到达委托会签阶段(即合同部经办发起委托会签环节),经办需要填写第二个页签(直接委托/摇珠)的内容;若为直接委托需填写征询情况,摇珠则填写摇珠情况,主要参考模板填写;相关的委托编号、征询函编号都根据默认的规则生成前缀,由经办补充修改;带红色*的为必填项;此环节可打印委托通知及申请表、征询函,若为摇珠,可打印摇珠备忘录;若要退回修改,可直接发送退回表单内容不验证,若提交审核,则会验证相关必填项(见图6-4)。

图6-4 摇珠方式

2. 修改、审核委托申请

(1)在OA的待办页面点击进入办理页面,或者系统首页"我的待办模块",或者在个人中心的待办事项中选择待办记录,点击"办理"(见图6-5)。

(2)进入办理页面,对申请内容进行查看,确认无误后点击发送(见图6-6—图6-8)。

(3)上传附件前,先保存表单数据,点击上传,上传至对应目录的文件,可修改和重命名等操作(见图6-9)。

(4)合同管理部经办发起委托会签提交给合同部部长进行审批(见图6-10)。

(5)合同管理部部长审批提交给合同部内勤,进行发起部门会签(见图6-11)。

第 6 章　合同管理和履约诚信评价的信息化实现 | 67

图 6-5　委托申请待办

图 6-6　委托申请—直接委托/摇珠

图 6-7　优选结果呈批

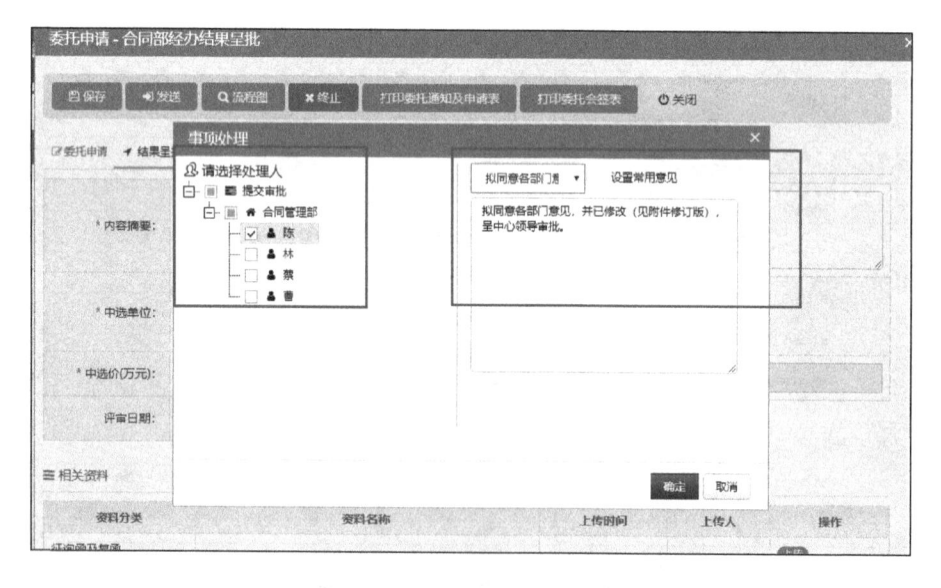

图 6-8　优选流程经办结果呈批

第 6 章　合同管理和履约诚信评价的信息化实现 | 69

图 6-9　上传至对应目录的文件

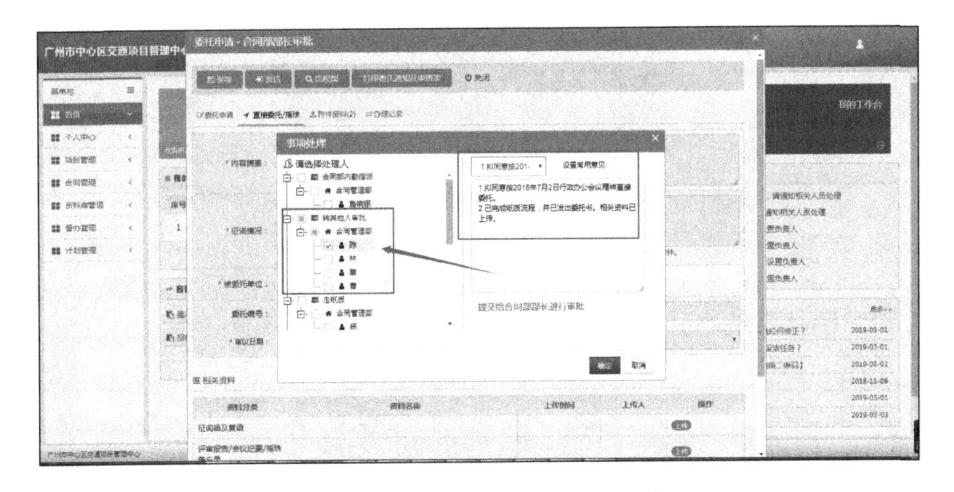

图 6-10　合同管理部部长进行审批

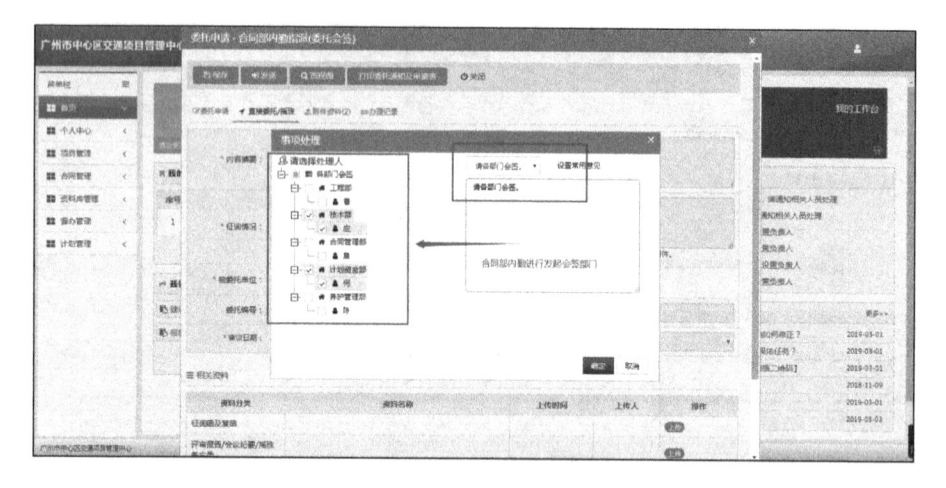

图6—11　合同管理部发起部门会签

3. 合同管理部经办汇总意见(见图6—12、图6—13)

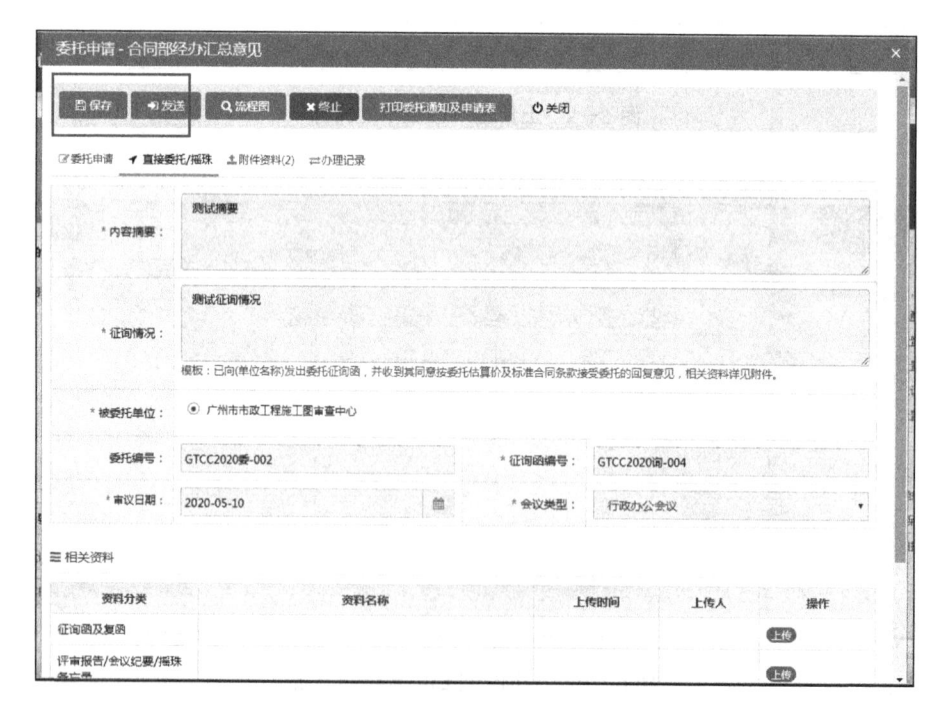

图6—12　合同管理部经办汇总意见

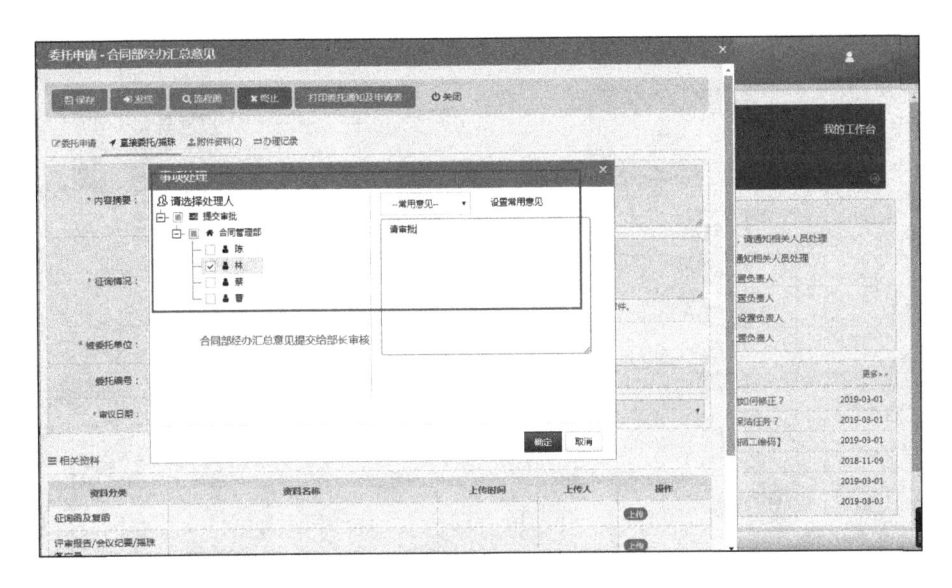

第 6 章　合同管理和履约诚信评价的信息化实现 | 71

图 6—13　填写处理意见

合同管理部部长进行审批，如果有问题可以退回合同管理部内勤重新发起会签（见图 6—14—图 6—16）。

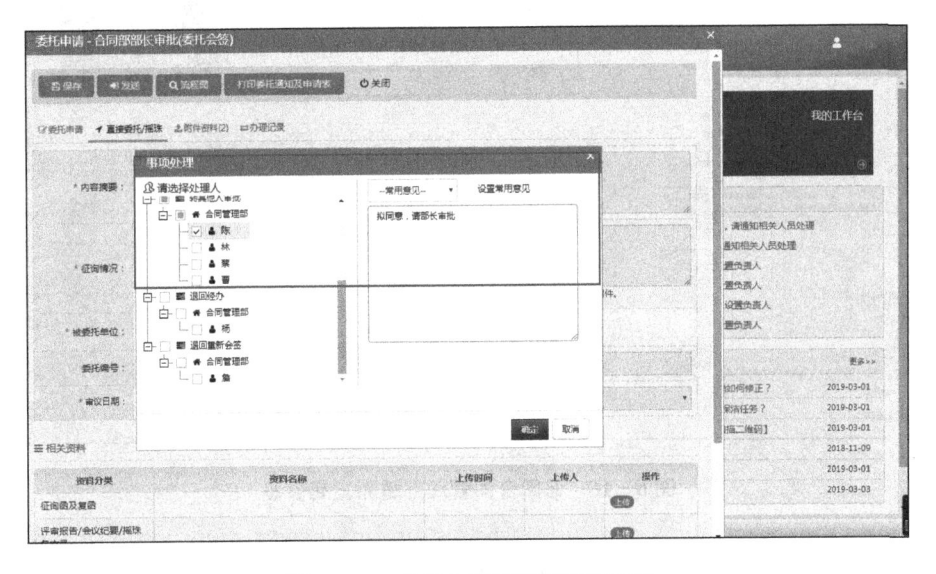

图 6—14　发起合同管理部部长审批

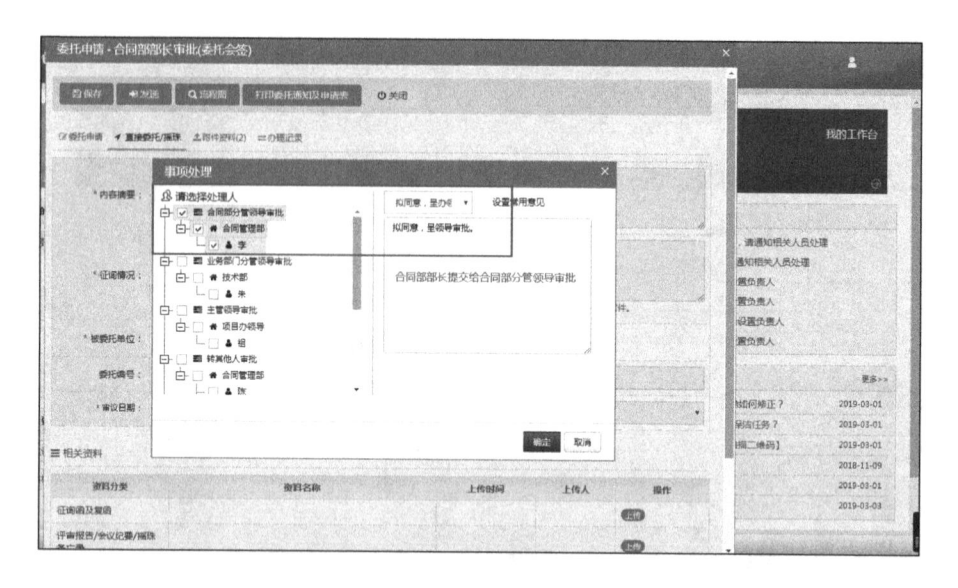

图6—15　合同管理部部长审批

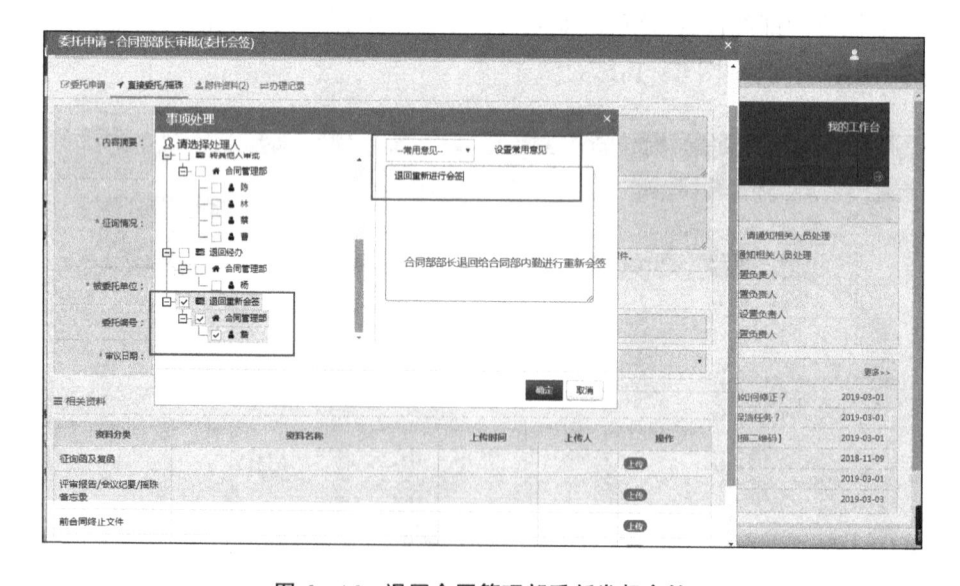

图6—16　退回合同管理部重新发起会签

4. 办理委托书/中选通知书并登记合同

该环节可修改第二个tab页的内容及直接委托/摇珠或结果呈批的内容,并登记合同信息,需要上传合同扫描件;可以打印委托书/中选通知书(打印前请先保存表单信息);若委托失败/优选失败,可直接发送给业务部门关闭,表单不做验证;若委托成功/优选成功,则需填写表单相关必填项和上传必传附件(见图6—17、图6—18)。

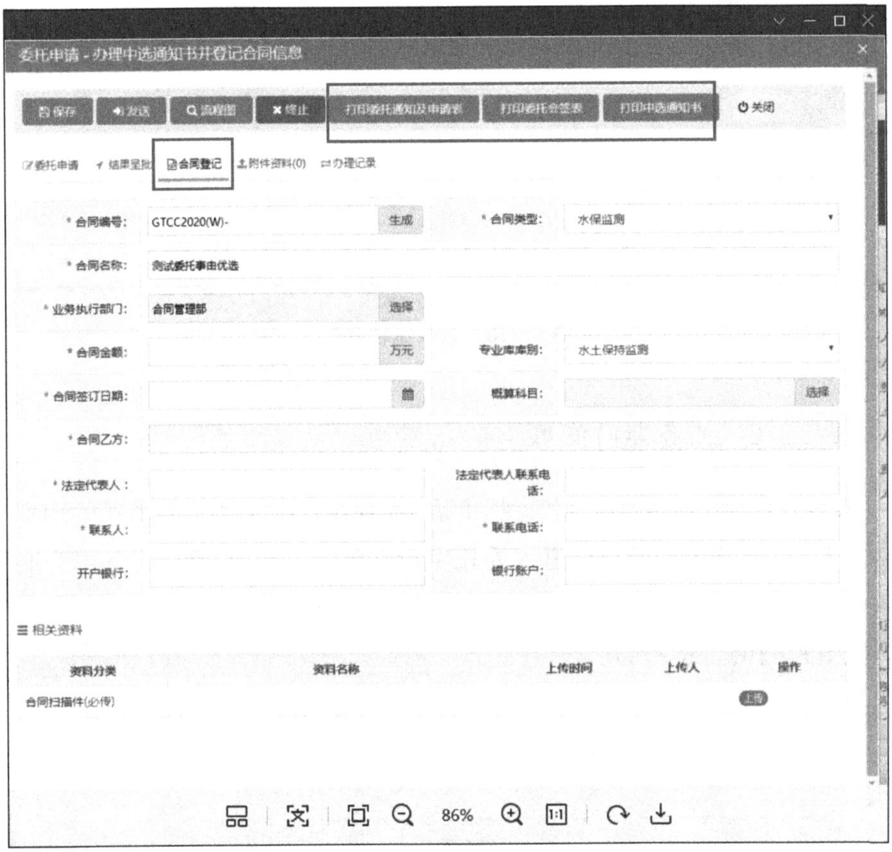

图 6—17　办理合同登记

图6—18 合同流程结束

6.1.2.2 业务部门使用

在首页模块中的我要发起"委托申请"或者在合同管理下的委托管理列表页,点击发起委托申请的操作进入委托申请表单填写页面,带红色*的为必填项,填写完毕点击保存或发送给下一步处理人;表单填写具体查看表单上面的提示(见图6—19、图6—20)。

图6—19 委托申请

图 6—20　委托管理列表

委托项目所需资质未建专业库必填。系统默认本次为首次委托,可以通过检测查看是否存在历史委托,如不是首次委托,需把前合同的终止文件上传(见图 6—21)。

是否有概算系统默认勾选,概算相关项为必填,若无概算,以下四项不需要填写(见图 6—22)。

下浮率/下浮区间,若不下浮的话,该项为空或者为 0,需要填写不下浮原因。委托选取方式,可进行选择直接委托、摇珠和优选询价三种方式(见图 6—23、图 6—24)。

推荐单位通过点击库内单位选取添加(见图 6—25)。

若为库外单位,点击添加库外单位按钮,填写单位相关信息,确认后自动带回表单页面(见图 6—26)。

上传附件前,先保存表单数据,点击上传对应目录的文件,可修改和重命名等操作(见图 6—27)。

图 6—21　委托项目所需资质

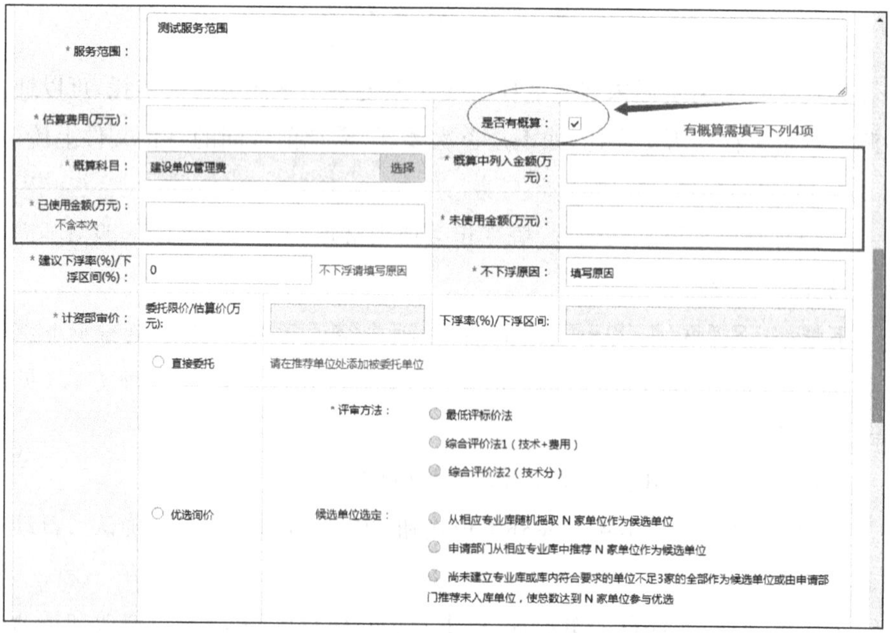

图 6—22　概算事宜

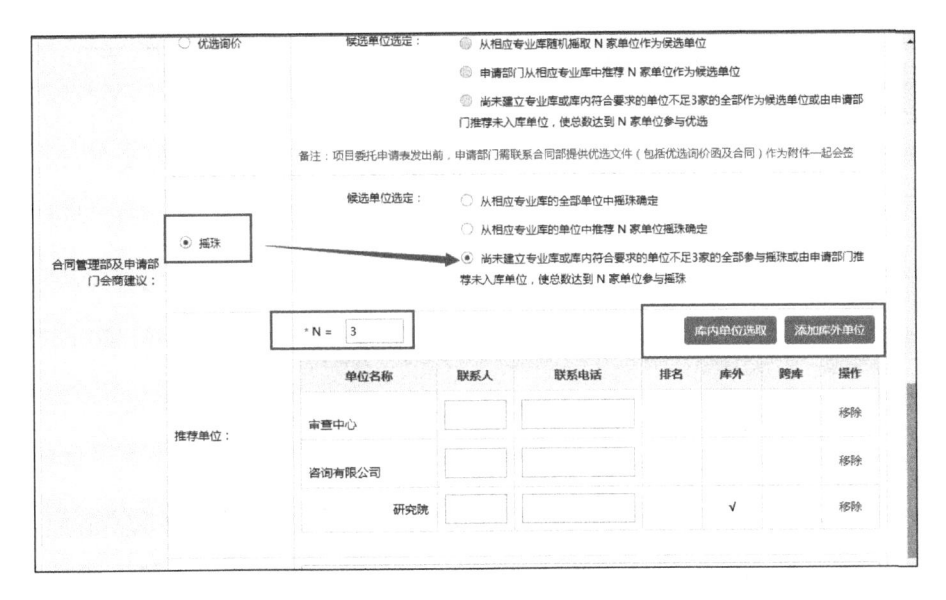

图 6-23 委托选取方式——摇珠

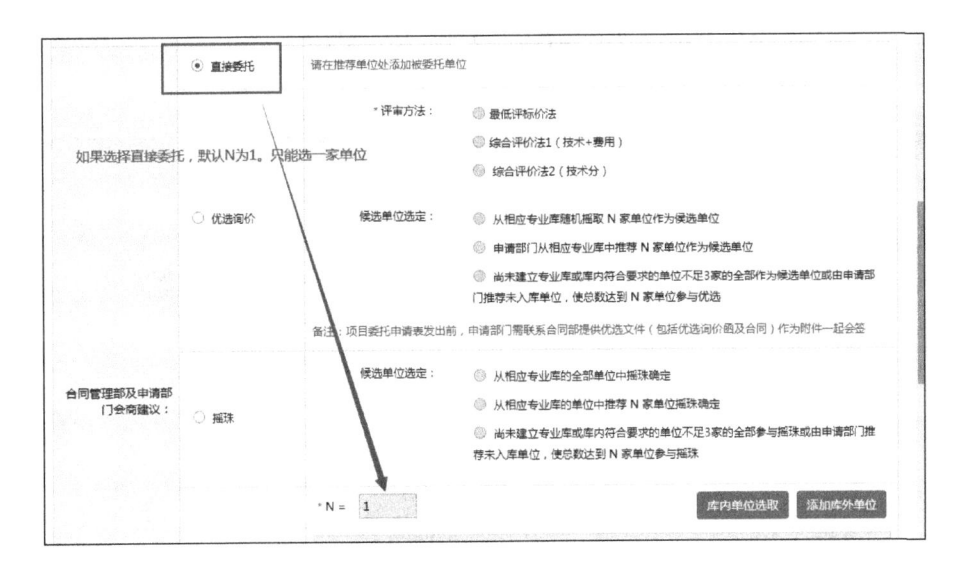

图 6-24 委托选取方式——直接委托

图 6—25　推荐单位为库内单位选取添加

图 6—26　添加库外单位

第 6 章　合同管理和履约诚信评价的信息化实现 | 79

图 6-27　附件上传

业务部门经办填写表单完成后,选择点击发送按钮,提交给业务部门副部长审核,业务部门副部长再提交给部长进行审核(见图 6-28、图 6-29)。

图 6-28　业务部门副部长审核

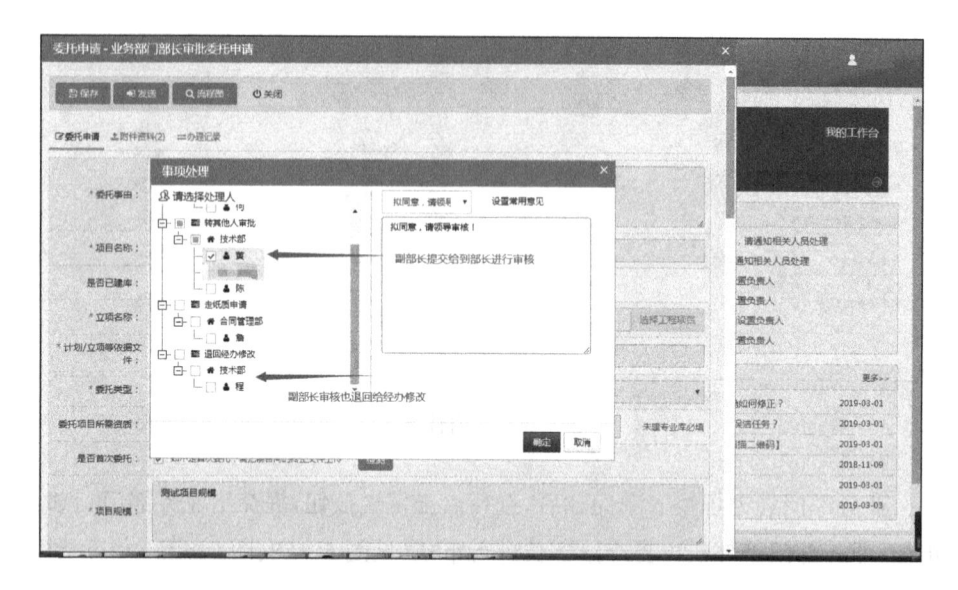

图 6-29　业务部门部长审核

6.1.2.3　合同计资审核

委托申请流转到计资部审核时,计资部经办需填写计资部审价内容,即委托限价/估算价(万元)和下浮率(％)/下浮区间,这两项为必填项;经计资部部长审批后发送给业务部门经办汇总意见(见图 6-30)。

在 OA 的待办页面点击进入办理页面、或者系统首页"我的待办模块"、或者在个人中心的待办事项中选择待办记录,点击"办理"(见图 6-31、图 6-32)。

计资部经办填写审批意见后,点击"确定"完成待办(见图 6-33)。

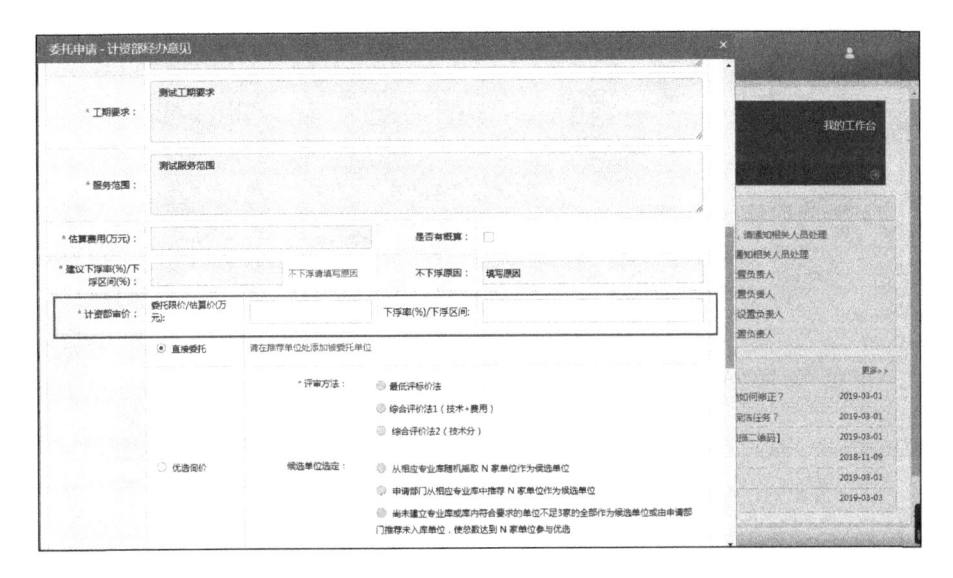

第 6 章　合同管理和履约诚信评价的信息化实现 | 81

图 6—30　计资部审价内容

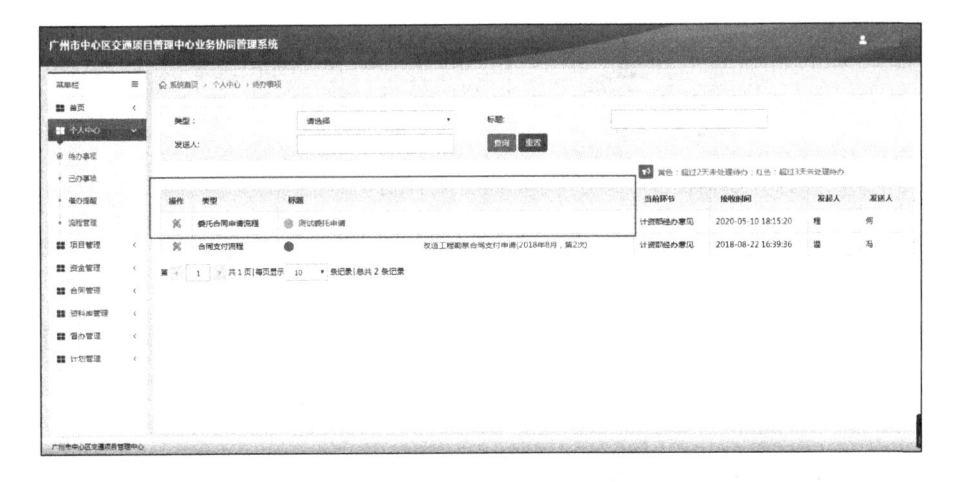

图 6—31　修改、审核委托申请

图6—32　计资部经办处理流程

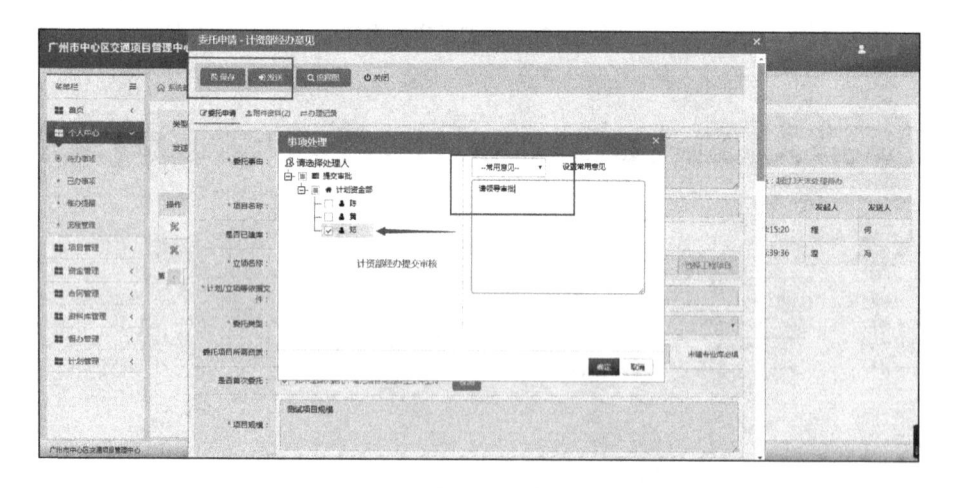

图6—33　计资部经办填写审批意见

计资部领导进入系统，点击"个人中心"→"待办事项"进入功能列表页面，点击"办理"即可进入业务的办理页面（见图6—34、图6—35）。

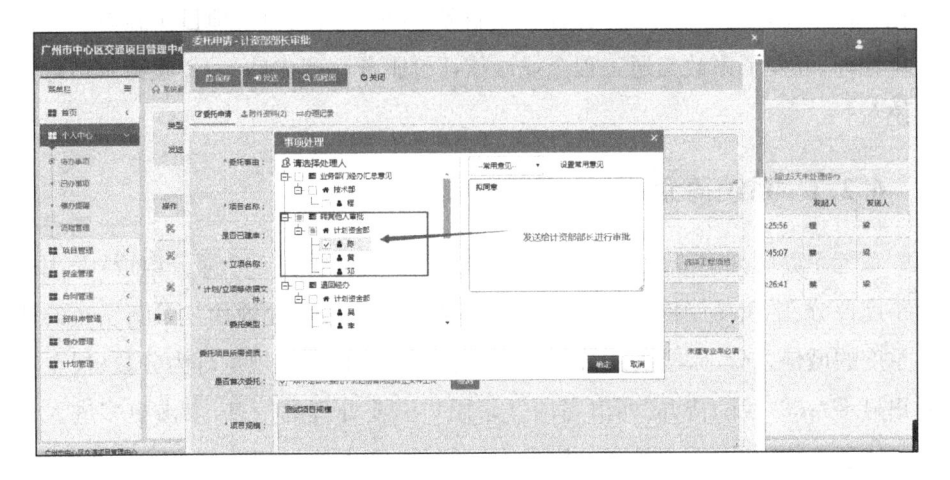

第 6 章　合同管理和履约诚信评价的信息化实现 | 83

图 6—34　申请计资部领导审批

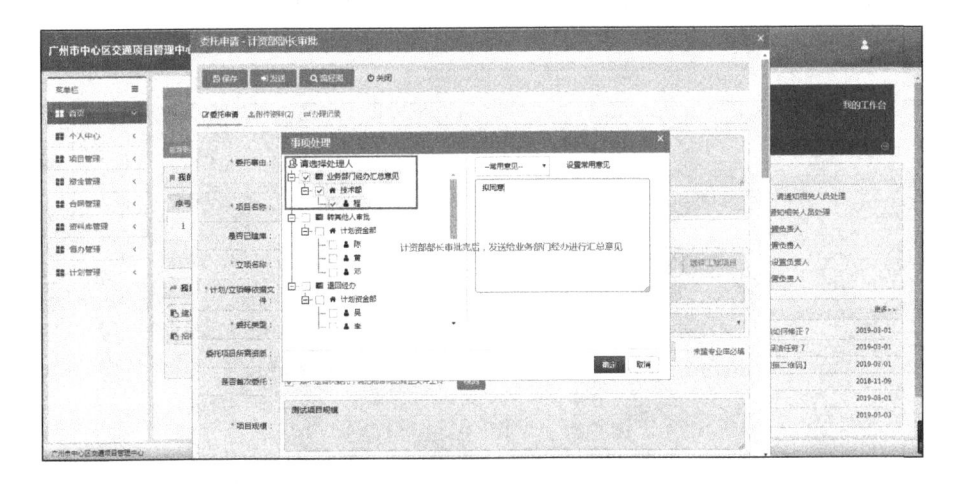

图 6—35　计资部部长审批

6.2　合同履约评价的信息化管理

　　为进一步规范规模以上项目的委托项目办理程序，加强委托规模以上项目实施单位的管理，使各实施单位在入库、出库、评价及服务过程管理更程序化、规范化和科学化,更有效地为工程各专业服务,开展了规模以上项目实施单位的信息化管理,开发了市政交通工程企业诚信评价服务管理软件——"履约诚信评价系统"。

6.2.1 系统简介

系统主界面如图6-36—图6-38所示,首页主要有5个部分组成:①主要由季度评分、常用功能构成;②"季度评分"列出当前登录企业用户最新发布的那一季度的诚信总分、荣誉资质分数、工程质量分数、日常不规范行为分数(仅企业用户显示);③"我的待办"列出当前登录用户需要处理的信息,点击更多进入列表;④"通知公告"能看到最新的已发布的通知,点击通知标题可查看公告信息,点击更多进入列表(只可查询、查看通知公告内容,不可新增、编辑、删除);⑤"施工类企业评分排行榜"能查看最新发布季度的施工类型企业诚信评价总分排行,点击更多进入列表。

图6-36 系统首页

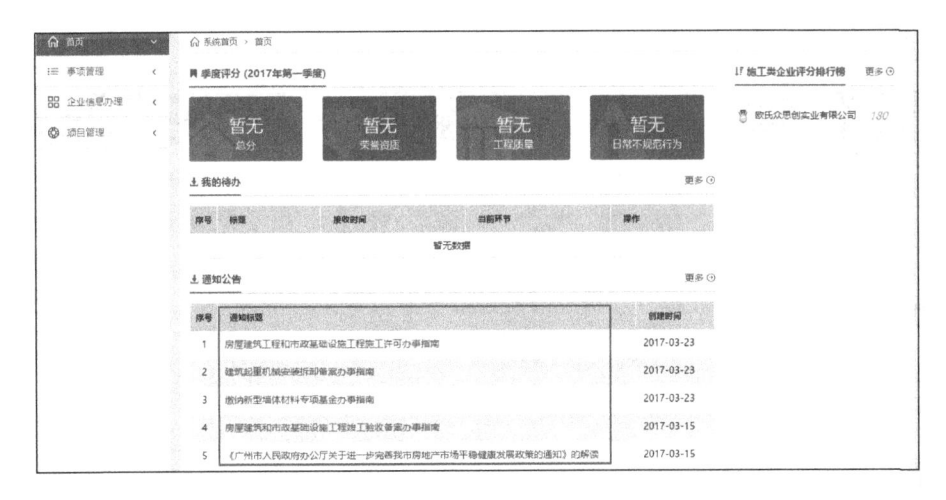

图 6-37　系统主界面(企业用户)

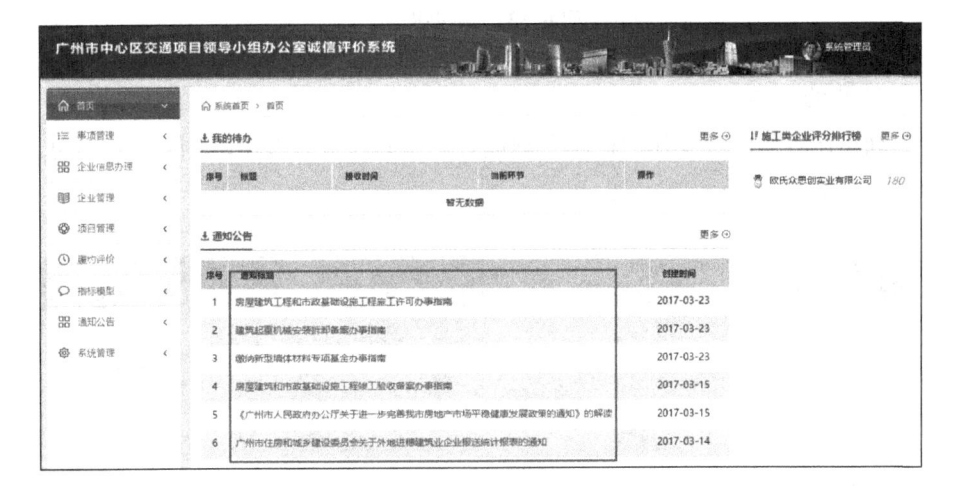

图 6-38　系统主界面(非企业用户)

6.2.2　模块功能的实现

6.2.2.1　事项管理

1. 待办事项

列出所有当前登录用户所要办理的事项,点击"办理"按钮,可以对消息进行办理(见图 6—39)。

图 6—39 待办事项

2. 我的已办

列出所有当前登录用户已经办理或者正在办理中的事项,点击"查看",可以查看消息的具体内容(见图 6—40)。

图 6—40 我的已办

6.2.2.2 企业信息办理

1. 企业荣誉申报（见图 6—41—图 6—43）

图 6—41 申请列表

图 6—42 申请荣誉资质详情

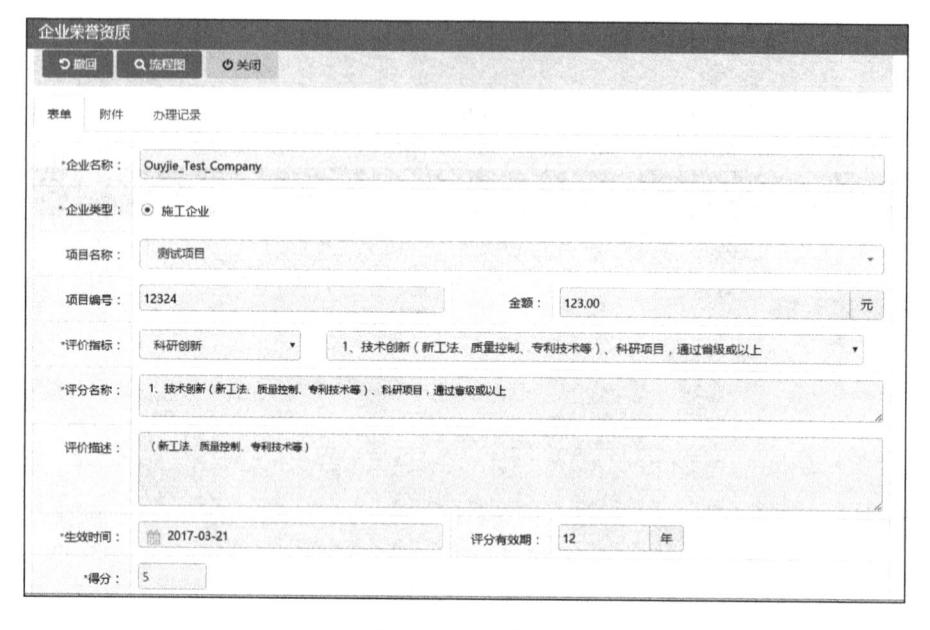

图 6—43 查看页面

(1)点击"企业信息办理→企业荣誉申报"列表页列出本单位所有申报的企业荣誉；

(2)点击"企业信息办理→企业荣誉申报→申报企业荣誉"，打开申请窗口，可申报企业荣誉；

(3)申请表单页中标题带"*"的为必填项；

(4)申请表单页中企业名称、项目编号、金额、评分有效期和得分为不可编辑项；

(5)申请窗口附件页可上传附件；

(6)办理记录可查看所申请的企业荣誉经历的办理流程。

2. 个人企业信息

点击企业信息办理→个人企业信息，列出当前企业的基本信息，用于完善企业信息资料，可编辑修改保存(见图 6—44)。

第 6 章　合同管理和履约诚信评价的信息化实现 | 89

图 6-44　个人企业信息

6.2.2.3　企业管理

1. 企业信息

(1)查询：可根据企业名称、编号、类型、社会信用代码查询对应的企业信息(见图 6-45)；

(2)点击企业名称可查看企业的基本信息、业绩、科研创新、奖项、表彰等(见图 6-46)。

2. 企业黑名单

点击企业管理→企业黑名单，列出所有被列入黑名单的企业信息(见图 6-47—图 6-49)。

3. 企业荣誉

点击企业管理→企业荣誉，列出所有企业申报的荣誉资质，包括企业的业绩、科研创新、奖项、业主表彰(见图 6-50)。

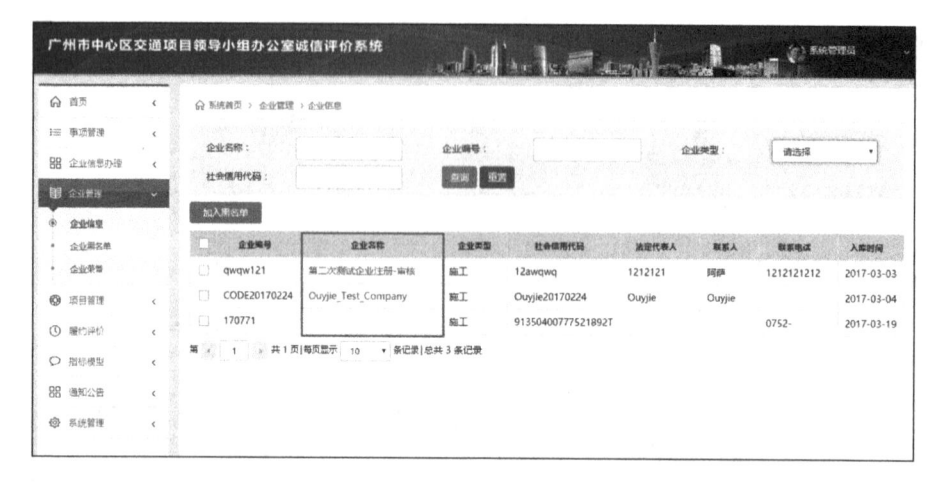

图 6-45 企业信息列表

图 6-46 企业信息详情

图 6－47　企业黑名单列表

图 6－48　查看黑名单企业详情

图 6-49 解除黑名单界面

图 6-50 企业荣誉列表

6.2.2.4 项目管理

点击项目管理,列出所有项目的基本信息(企业类型的用户只显示本企业的项目)(见图 6-51、图 6-52)。

第 6 章　合同管理和履约诚信评价的信息化实现 | 93

图 6—51　项目管理列表

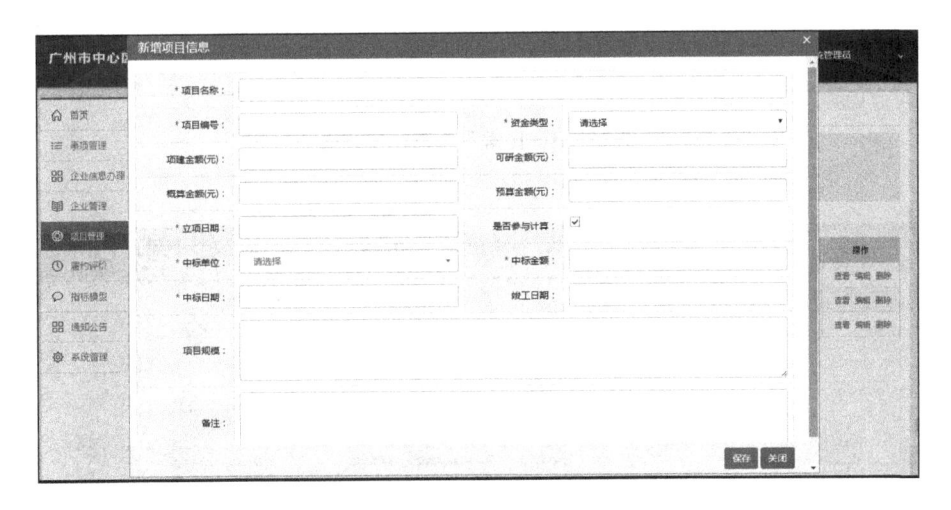

图 6—52　新增项目详情页

6.2.2.5　履约评价

1. 日常不规范

(1)点击履约评价→日常不规范,可对企业日常不规范行为进行评价,列表显示所有企业对应项目中日常不规范评价记录(评价状态包括未通过、拟稿、审

核中、审核通过);

(2)新增日常不规范评价:先选择需要评价的项目(过滤已评价的项目),再弹出评价页面针对不同指标进行评价,新增为拟稿状态(见图6-53—图6-56)。

图6-53 日常不规范评价列表

图6-54 选择项目进行评价

第 6 章　合同管理和履约诚信评价的信息化实现 | 95

图 6-55　对选定的项目进行日常不规范评价

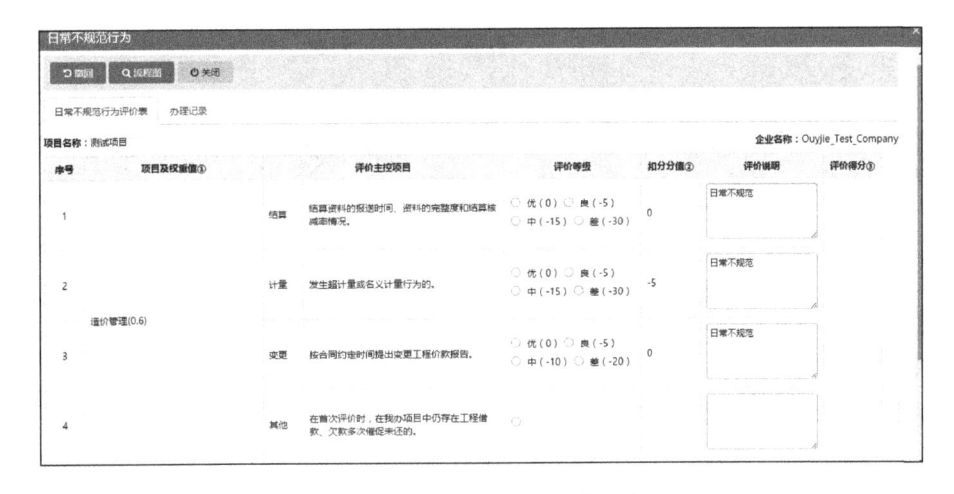

图 6-56　编辑日常不规范评价

2. 工程质量季度评价

(1)点击履约评价→工程质量评价,可进行工程质量评价登记,评价类型包括质量管理、现场安全施工管理、文明施工管理、绿色施工管理,评价状态与日常不规范评价相同;

(2)新增对应类型的评价:与日常不规范评价相同,先选择需要评价的项目,再对该项目进行评价;

(3)办理记录:查看该评价的审批记录(见图6-57—图5-59)。

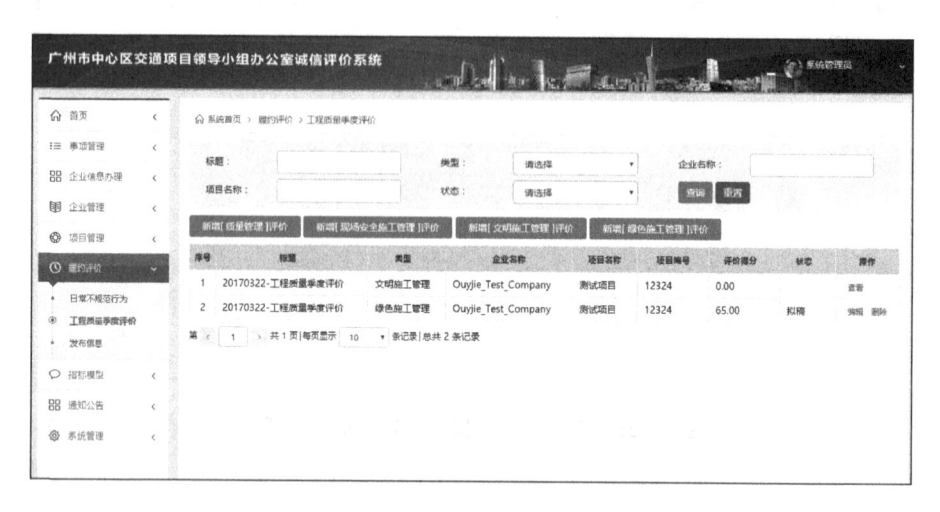

图6-57 工程质量管理评价列表

图6-58 选择需要评价的项目

按钮说明:

查询:可针对标题、类型、企业名称、项目名称、状态一个或多个查询。

新增:根据评价类型点击对应按钮,选择项目,进行评价。

查看:查看该评价的详细信息(评价通过审批,只有查看功能)。

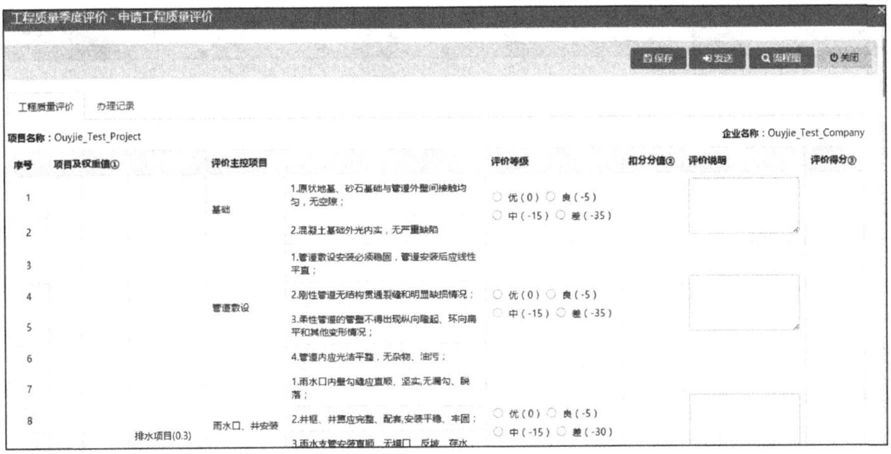

图 6-59 针对该项目进行评价

编辑：拟稿可编辑，已提交进行审批的数据不可编辑。

删除：删除对应评价。

保存：保存当前评价表单，状态为拟稿，可进行编辑、删除。

发送：发送给下一环节的审核人员审核打分。

撤回：发送给下一环节，还未被处理时，可以撤回本环节进行修改。

回退：走流程中发现资料不足或分数有误，回退给上一环节的人员处理。

流程图：显示整个评价流程。

终止：终止整个评价流程。

关闭：关闭当前窗口。

3. 发布信息

(1) 点击履约评价→发布信息，可对各个季度周期评价数据进行统计并发布数据；

(2) 单位分值表中点击总分可查看得分明细（见图 6-60—图 6-62）。

按钮说明：

查询：可根据周期名称查询对应周期信息。

统计：统计各个周期的分数。

发布：将该周期统计的数据发布出去（未统计的周期数据不能发布）。

图 6—60　周期季度发布列表

图 6—61　企业季度分值表

周期表查看：查看对应周期所有企业的总分、荣誉资质分数、工程质量分数、日常不规范分数。

详细分值表查看：点击单位总分，列出该单位各个评分项目的明细。

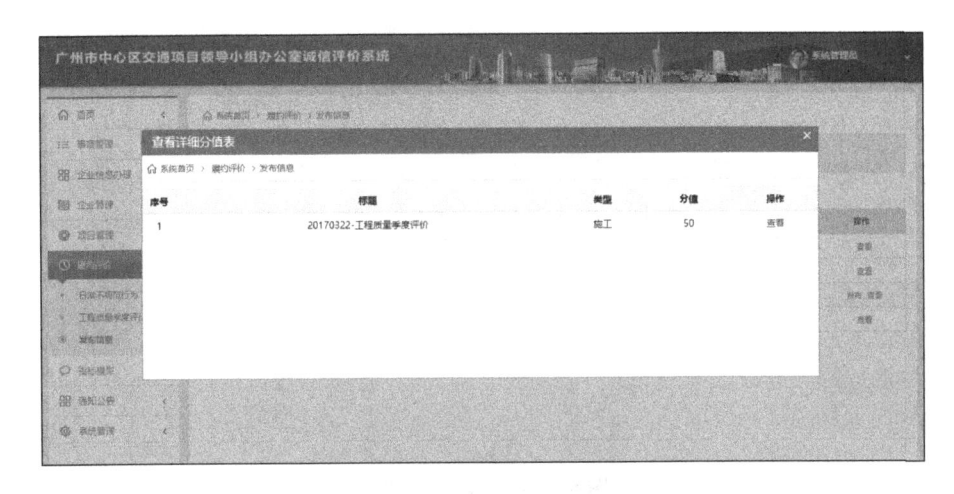

第 6 章　合同管理和履约诚信评价的信息化实现 ┃ 99

图 6—62　企业得分详情表

6.2.2.6　指标模型

点击指标模型，可进行指标模型的新增、设计，模型类型包括施工、监理、设计、咨询服务四类，每种类型只能创建一个模型，所以最多只有 4 条记录；每个模型对应的设计指标有多个版本，但只有一个当前版本及发布的模型版本。

主控项目指的是具体评分项，等级评分分为优、良、中、差四个等级（见图 6—63—图 6—67）。

图 6—63　指标模型列表

图 6—64　新增指标模型

图 6—65　预览指标页面

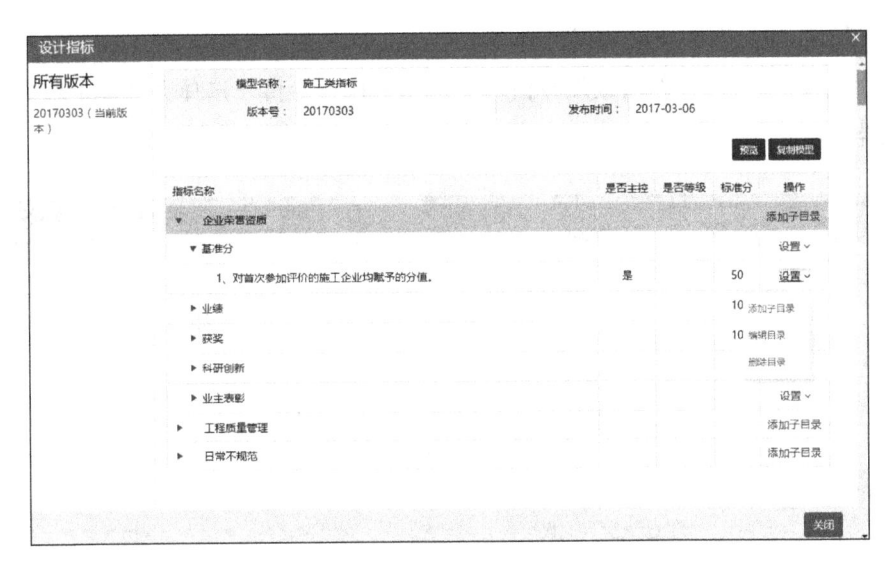

图 6—66　设计指标模型页面

图 6—67　添加子目录页面/编辑页面

6.2.2.7　通知公告

1. 点击通知公告,可查看公告信息,包括发布和未发布的;公告类型包括资

料下载、通知公告和政策规范;

2. 文件上传:在新增或编辑窗口点击超链接→上传→选择文件→上传到服务器→确定(见图6—68—图6—70)。

图6—68 通知公告列表

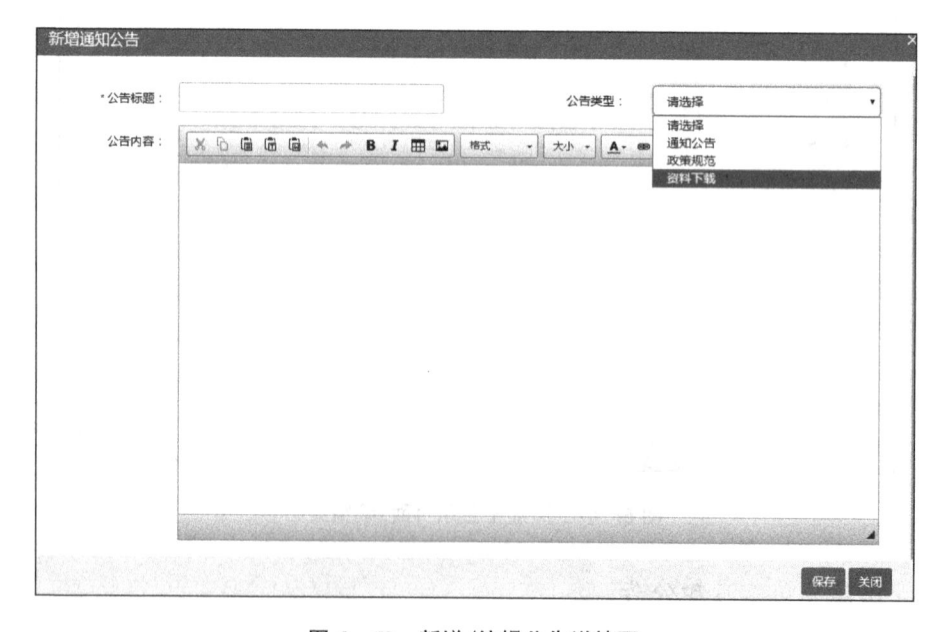

图6—69 新增/编辑公告详情页

图 6—70 上传文件

6.3 专业库的信息化管理

为进一步规范未达到招标规模的委托项目办理程序，加强委托专业库库内服务单位的管理，使各专业库在入库、出库、评价及服务过程管理更程序化、规范化和科学化，更有效地为工程各专业服务，开展了专业库的信息化管理，开发了市政交通工程专业库管理软件——"专业服务单位诚信评价系统"。

6.3.1 系统架构和实施方案

专业服务单位诚信评价系统分为企业管理、专业库管理、委托管理、考核评价管理和综合信息查询五大模块。系统架构如图 6—71 所示。

各模块的功能如表 6—1、表 6—2 所示。

图 6-71 专业服务单位诚信评价系统的系统架构

表 6-1　　各模块的主要功能

序号	建设内容	子项	描述
1	企业管理	企业信息登记	(1)企业账号注册； (2)登记本单位信息,包括企业基本信息、资质、相关材料等信息
		企业荣誉申报	企业上报本单位所获荣誉,项目办对其进行审批
2	专业库管理	专业库库别管理	对正式专业库类别进行管理,包括专业库类别查询、已建库登记、修改、删除等功能
		新专业库建立	对新专业库类别建立申请以及审定的整个过程管理,审定后正式纳入专业库
		新增单位入库	由服务咨询单位填写登记表,业务执行部门核对后发起入库申请以及审定的整个过程管理,审定后该单位正式入库
		退(出)库	由业务执行部门提出,合同管理部登记出库

续表

序号	建设内容	子项	描述
3	委托管理	委托申请	同业务执行部门发起委托申请、计资部审价、合同管理部审核文件,业务执行部门根据各部门会签意见进行修改,报办领导审批
		结果呈批	合同管理部将委托/中选结果报领导审批,并打印中选通知书/委托书
		合同登记	合同管理部登记合同信息,并上传合同扫描件
4	考核评价管理	评价模型管理	单项合同服务评价指标模型设置,为每个专业库制定不同的服务评价标准
		日常行为管理	对服务过程中的奖励和处罚行为进行管理,包括查询、登记、审批的管理;同时提供打印处罚/奖励通知单的功能
		单项合同服务评价	项目合同服务完成后,由业务执行部门对被委托单位在项目服务全过程的服务质量进行评价
		年度综合评价	每年年底将对所有专业库服务单位进行年度综合评价。 年度综合评价分为三个阶段: (1)业务执行部门评价阶段 (2)管理小组评审阶段 (3)评价结果发布阶段
		实时诚信评价	服务咨询单位实时诚信评价,根据上年度综合评价得分和本年度已完成项目的评价平均得分计算出实时诚信评价结果。由合同管理部每月定期发布
5	综合信息查询	专业库查询	对正式专业库类别以及已入库单位相关信息进行查询
		企业信息查询	提供服务单位信息查看视图,包括企业基本信息、历史评价结果、承接项目情况和日常行为记录等信息
		单项合同服务评价查询	查看单项合同服务评价情况
		年度综合评价排名	查看已发布的服务咨询单位年度综合评价排名
		实时诚信评价排名	查看已发布的服务咨询单位实时诚信评价排名(按月)

表 6-2　　　　　　　　　各个模块的参与者和工作说明

序号	角色	说　明
1	企业	(1)企业信息登记 (2)企业荣誉申报
2	业务执行部门	(1)新专业库建立申请 (2)新增单位入库申请 (3)退(出)库登记 (4)日常行为(处罚/奖励)录入 (5)单项合同服务评价 (6)年度综合评价
3	合同管理部	(1)组织管理小组评审 (2)评价结果发布

6.3.2　模块功能的实现

6.3.2.1　企业管理

企业个人信息的管理,包括企业账号注册、企业信息登记以及荣誉申报等功能。

1. 企业账号注册

企业第一次使用系统时,需在系统内进行注册。注册通过后,企业可使用注册的账号密码登录。界面效果如图 6-72 所示。

2. 企业信息登记

企业维护本单位信息,包括单位名称、地址、资质、联系人和人员配备等信息;并上传单位营业执照、资质证书等材料。界面效果图如图 6-73 所示。

3. 企业荣誉申报

企业申报本单位所获奖项,经由项目办、合同管理部审核后即可生效。企业荣誉申报流程和界面效果如图 6-74 所示。

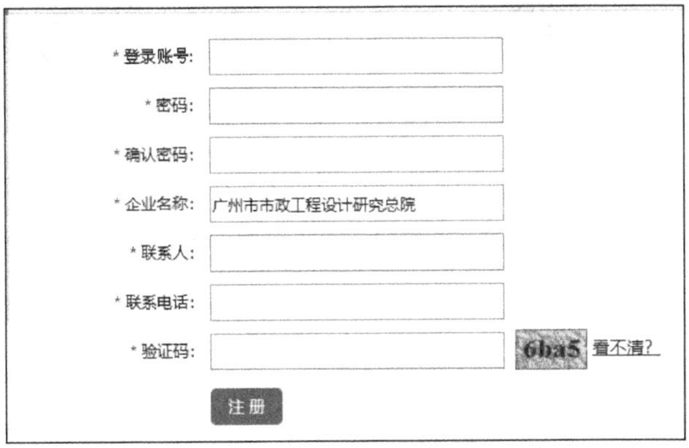

第 6 章　合同管理和履约诚信评价的信息化实现 | 107

图 6—72　企业账号注册

图 6—73　企业信息登记

图 6—74　企业荣誉申报

6.3.2.2　专业库管理

专业库管理，主要包括已建库库别登记、新专业库的建立以及服务单位的入库、出库等功能。

1. 专业库库别管理

对正式专业库类别进行管理，包括专业库类别查询、已建库登记、修改、删除等功能。该管理功能主要提供合同管理部使用。

各专业库家数原则上应为 3 家（含）以上、15 家（含）以下，具体见图 6—75 所示。

第 6 章　合同管理和履约诚信评价的信息化实现 | 109

专业库库别及家数表

序号	专业库库别	库内名额上限	业务执行部门
1	可行性研究报告、项目建议书编制	15家	技术部
2	勘察	5家	技术部
3	设计	5家	技术部
4	地下管线探测	6家	技术部
5	防洪评价	6家	技术部
6	环境影响评价	6家	技术部
7	地震安全性评价	6家	技术部
8	地质灾害危险性评估	6家	技术部
9	交通流量分析与预测	6家	技术部
10	施工图审查	6家	技术部
11	环保设施设计	6家	技术部
12	水下地形测量	6家	技术部
13	水土保持方案编制	6家	技术部
14	设计前期旧居、旧桥检测	6家	技术部
15	控制性详细规划	6家	技术部
16	土地利用规划	6家	技术部
17	通航尺度（航道局）	6家	技术部
18	地铁安全性评估	6家	技术部、工程部
19	通航安全论证（海事局）	6家	技术部、工程部
20	工程造价咨询	9家	计划资金部
21	招标代理	10家	合同管理部
22	水土保持监测	8家	工程部
23	水土保持评估验收	8家	工程部
24	工程实体质量监督抽测	12家	工程部
25	涉地铁、高速公路等监测、监控	5家	工程部
26	房屋安全鉴定	8家	工程部
27	涉公路、高速公路等安全评估	5家	工程部
28	交通影响仿真或交通影响评估	5家	工程部
29	环保监测	5家	工程部
30	竣工环保验收报告编制	6家	工程部
31	第三方高支模、基坑监测	8家	工程部
32	工程质量常规检测	15家	工程部
33	白蚁防治	5家	养护管理部
34	交通设施（含材料检测）检测	6家	养护管理部

图 6-75　专业库库别

对于原已有的专业库仍保留有效，可在系统内登记后自动建立，登记内容包括专业库库别、业务执行部门、服务工作内容、专业资格要求、专业特点、技术要求、库内名额上限、建立日期等内容。界面效果如图 6-76 所示。

图 6-76　已有的专业库

2. 新专业库建立

由业务执行部门提出拟建专业库类别的申请,包括提出拟建库的服务内容、专业资格要求、技术要求等,并应推荐至少 3 家入库候选单位,经管理小组评审通过后,提交本单位行政办公会(或同等级别的专题会议)审议通过后,正式建立该专业库。原则上在每年年度评审时接受建立新库的申请,遇紧急、特殊情况需立即建库的,由管理小组研究通过后提交行政办公会(或同等级别的专题会议)审议决定。

新库建立流程和界面效果图如图 6-77 所示。

第 6 章　合同管理和履约诚信评价的信息化实现 | 111

图 6-77　新专业库建立

3. 新增单位入库

新增单位入库由业务执行部门初步审核认可后,提出入库申请,经管理小组审查通过后提交行政办公会(或同等级别的专题会议)审定后正式入库。

入库单位登记表由服务单位填写,填写内容包括单位基本信息(单位名称、地址、资质、联系人等)、专业库库别、入库情况、相关材料(单位营业执照、资质证书、法人证明、法人委托书、服务于本项目的人员配备表、业绩)等信息。界面效果图如图 6-78 所示。

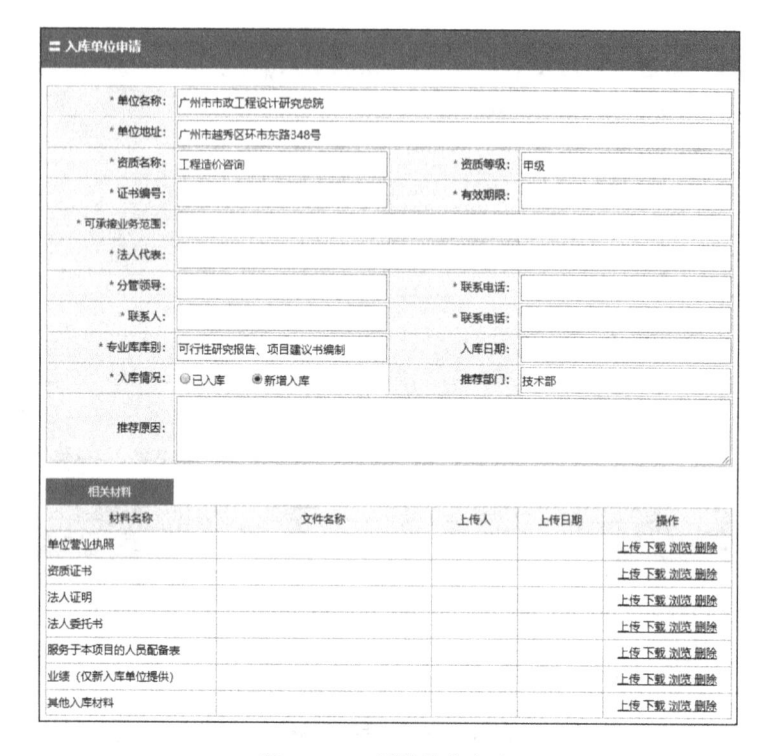

图 6—78　新增单位入库

4. 退(出)库登记

出现以下情形的服务单位需对其进行出库处理：

(1) 年度综合评价其所在库内排名最后且服务单位年度项目平均分低于所在库内年度基准分 15% 的；

(2) 履约过程中被本单位或行政主管部门书面给予严重处罚，或达到合同约定严重处罚条件，或按合同约定被停止在本单位或项目行政区域投标资格的，经管理小组认定后，即时出库；

(3) 在合同执行过程中服务态度、服务效果差或出现重大失误，给委托人造成不良影响及损失，单项合同服务评价分数低于 70 分(含)的；

(4) 一年内无正当理由拒接受委托项目两次以上的；

(5) 因国家法律法规、行业规定、企业变更、资质变化等非服务单位服务质量原因，导致其无法继续承担项目的；

(6)因服务单位自身原因提出退库的;

(7)因其他法律法规规定出库的。

凡出现上述(1)—(4)条情形之一的单位,自认定之日起,本单位有权对服务单位作出立即清退出库处理。造成经济损失的,按合同约定保留追究的权利,并有权拒绝出库单位 3—12 个月在本单位的投标。

出现上述第(5)—(7)条情形之一的,经服务单位申请,业务执行部门与合同管理部核准后,可退出专业库,但必须依法或按合同约定继续履行未完成的合同。

退(出)库流程和界面效果如图 6—79 所示。

图 6—79　退(出)库登记

6.3.2.3　委托管理

对业务协同现有涉及委托的相关功能进行改造,将委托申请、优选询价函会签、结果呈批、合同会签 4 个流程整合成一个整体流程:

1. 委托申请

由业务执行部门发起委托申请,提交计资部审价、合同管理部审批,再由业务执行部门经办汇总意见后提交办领导审批。界面效果如图 6—80 所示。

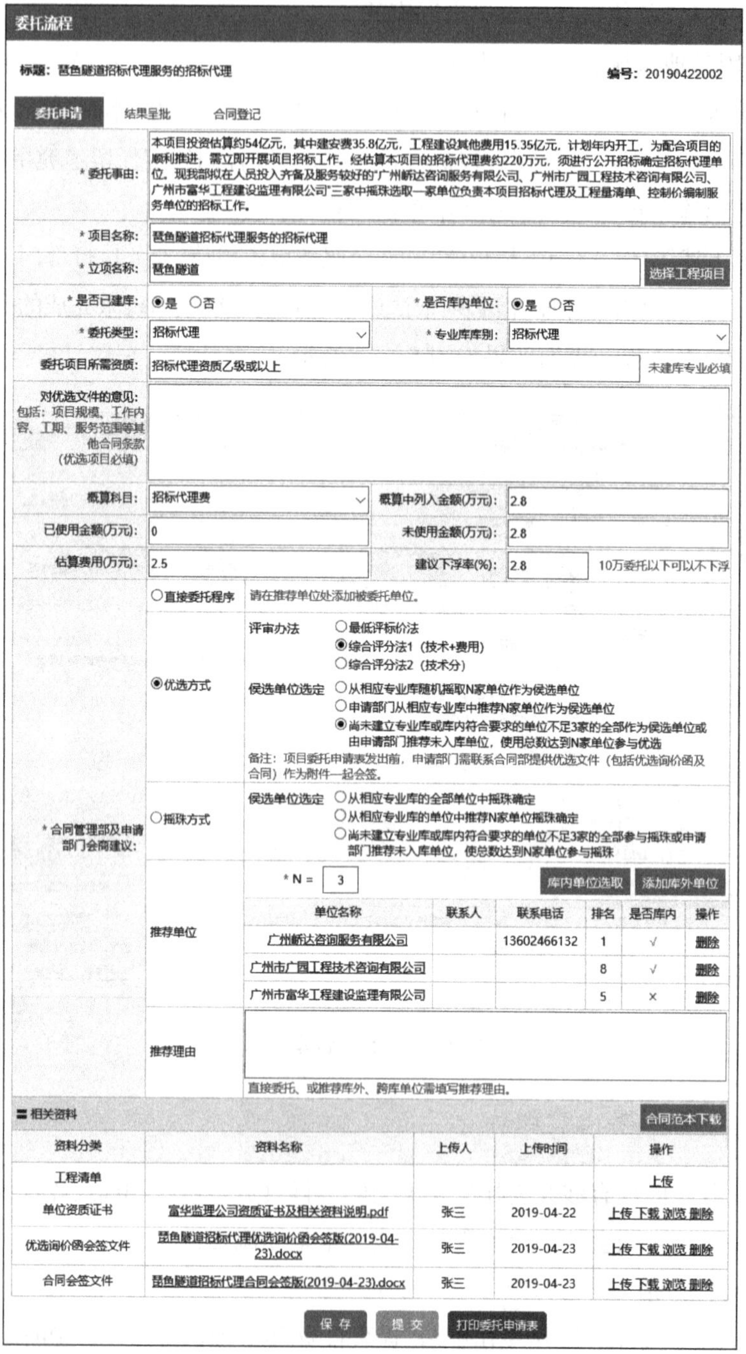
委托流程

标题：琶鱼隧道招标代理服务的招标代理　　编号：20190422002

委托申请　结果呈批　合同登记

* 委托事由：本项目投资估算约54亿元，其中建安费35.8亿元，工程建设其他费用15.35亿元，计划年内开工，为配合项目的顺利推进，需立即开展项目招标工作。经估算本项目的招标代理费约220万元，须进行公开招标确定招标代理单位。现我部拟在人员投入齐备及服务较好的"广州峤达咨询服务有限公司、广州市广园工程技术咨询有限公司、广州市富华工程建设监理有限公司"三家中摇珠选取一家单位负责本项目招标代理及工程量清单、控制价编制服务单位的招标工作。

* 项目名称：琶鱼隧道招标代理服务的招标代理

* 立项名称：琶鱼隧道　选择工程项目

* 是否已建库：◉是 ○否　* 是否库内单位：◉是 ○否

* 委托类型：招标代理　* 专业库库别：招标代理

委托项目所需资质：招标代理资质乙级或以上　未建库专业必填

对优选文件的意见：包括：项目规模、工作内容、工期、服务范围等其他合同条款（优选项目必填）

概算科目：招标代理费　概算中列入金额(万元)：2.8

已使用金额(万元)：0　未使用金额(万元)：2.8

估算费用(万元)：2.5　建议下浮率(%)：2.8　10万委托以下可以不下浮

* 合同管理部及申请部门会商建议：

○直接委托程序　请在推荐单位处添加被委托单位。

◉优选方式
评审办法　○最低评标价法　◉综合评分法1（技术+费用）　○综合评分法2（技术分）
侯选单位选定　○从相应专业库随机摇取N家单位作为侯选单位　○申请部门从相应专业库中推荐N家单位作为侯选单位　◉尚未建立专业库或库内符合要求的单位不足3家的全部作为侯选单位或由申请部门推荐未入库单位，使用总数达到N家单位参与优选
备注：项目委托申请表发出前，申请部门需联系合同部提供优选文件（包括优选询价函及合同）作为附件一起会签。

○摇珠方式
侯选单位选定　○从相应专业库的全部单位中摇珠确定　○从相应专业库的单位中推荐N家单位摇珠确定　○尚未建立专业库或库内符合要求的单位不足3家的全部参与摇珠或申请部门推荐未入库单位，使总数达到N家单位参与摇珠

推荐单位　* N = 3　库内单位选取　添加库外单位

单位名称	联系人	联系电话	排名	是否库内	操作
广州峤达咨询服务有限公司		13602466132	1	√	删除
广州市广园工程技术咨询有限公司			8	√	删除
广州市富华工程建设监理有限公司			5	×	删除

推荐理由　直接委托、或推荐库外、跨库单位需填写推荐理由。

相关资料　合同范本下载

资料分类	资料名称	上传人	上传时间	操作
工程清单				上传
单位资质证书	富华监理公司资质证书及相关资料说明.pdf	张三	2019-04-22	上传 下载 浏览 删除
优选询价函会签文件	琶鱼隧道招标代理优选询价函会签版(2019-04-23).docx	张三	2019-04-23	上传 下载 浏览 删除
合同会签文件	琶鱼隧道招标代理合同会签版(2019-04-23).docx	张三	2019-04-23	上传 下载 浏览 删除

保 存　提 交　打印委托申请表

图 6－80　委托申请

说明：

(1) 立项名称：如为工程项目，需选择系统内的项目并与之关联；如为非工程项目，则支持手工填写。

(2) 推荐单位选取：如非库内单位，支持手工添加；如为库内单位提供单位选取界面，支持搜索库别、单位名称、资质、关键字（可承接业务范围）等信息。

(3) 合同范本下载：从合同范本库中搜索范本文件，并提供浏览和下载功能，便于经办人员下载修改后作为会签文件上传。

2. 结果呈批

委托申请审批后由合同管理部线下组织评审或摇珠，确定中选或委托单位后，在系统内填写结果呈批表，呈报领导审批，待领导审批通过后可在系统内打印中选通知书或委托书。优选结果呈批界面效果图如图6-81所示。

图6-81 优选结果呈批界面

委托结果呈批界面效果如图6-82所示。

图6-82 委托结果呈批界面

3. 合同登记

合同签订完成后,合同管理部经办在系统内登记合同信息并上传合同扫描件,委托流程结束,界面效果如图6-83所示。

图6-83 合同登记

4. 委托信息补录

如因时间紧急等情况走的纸质流程,在委托结束后由合同管理部经办人员在系统内补录委托结果和合同信息,并上传相关材料。

6.3.2.4 考核评价管理

考核评价分为评价模型管理、日常行为管理、单项合同服务评价、年度综合评价和实时诚信评价。

1. 评价模型管理

单项合同服务评价指标模型设置管理,各业务执行部门为本部门负责的专业库制定服务评价标准,包括服务态度、服务效果、其他不良行为、相关业务部门评价等方面的评价项。一个模型可适用于多个专业库库别,同时一个专业库库别可制定多个指标模型。应支持版本的升级和模型复制功能。界面效果如图6-84所示。

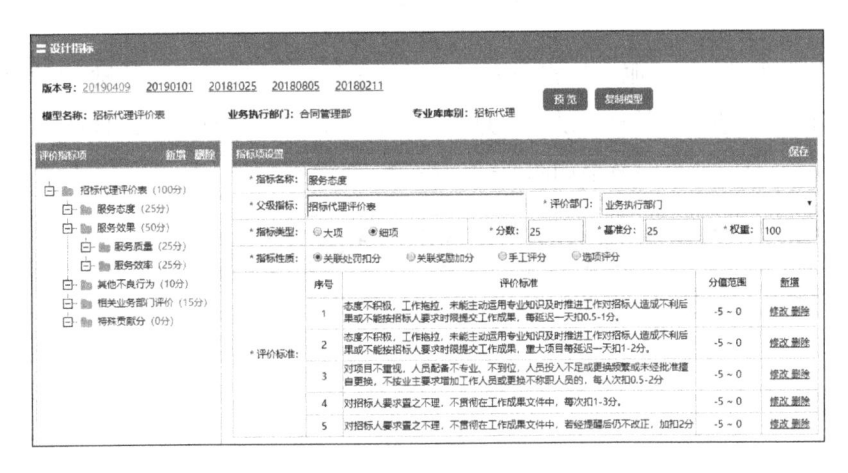

图6-84 评价模型管理

2. 日常行为管理

对于服务过程中表现优异或者较差的单位,需给予一定的奖励和扣分处罚,业务执行部门经办人员在系统内登记,报本部门部长审批。审批后该加/扣分自动生效,将直接影响单项合同服务评价的最终得分。处罚/奖励流程如下:

处罚管理。对于服务过程中表现较差的单位,需给予扣分处理,由业务执行部门经办人员登记扣分,录入信息包括委托项目名称、单位、扣分日期、存在问题、处理结果等。界面效果如图6－85所示。

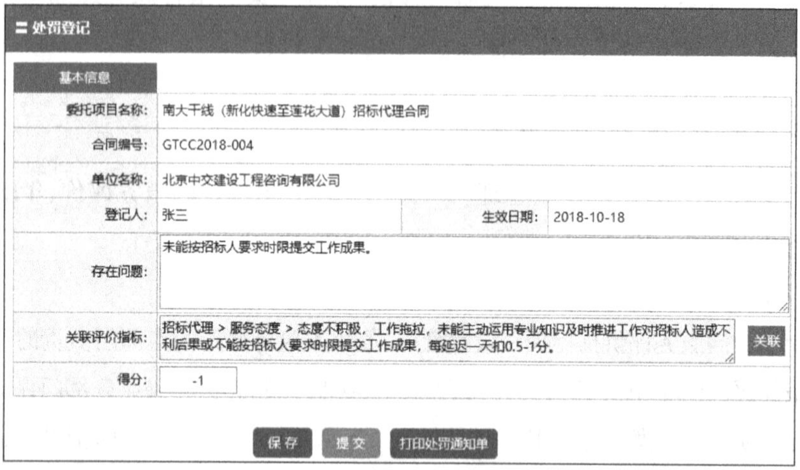

图6－85　处罚管理

奖励管理。对于服务过程中表现优异的单位,需给予一定的奖励,由业务执行部门经办人员登记加分,录入信息包括委托项目名称、单位、登记日期、奖励原因、奖励内容等。界面效果如图6－86所示。

图6－86　奖励管理

3. 单项合同服务评价

库内专业单位实行单项合同服务评价。针对每个委托项目，业务执行部门就被委托单位在项目服务全过程的服务质量进行评价，包括服务态度、服务效果、其他不良行为、相关业务部门评价等方面。各专业库评价指标项来自业务执行部门自行制定的评价模型。

业务执行部门评价（见图 6-87—图 6-89）。

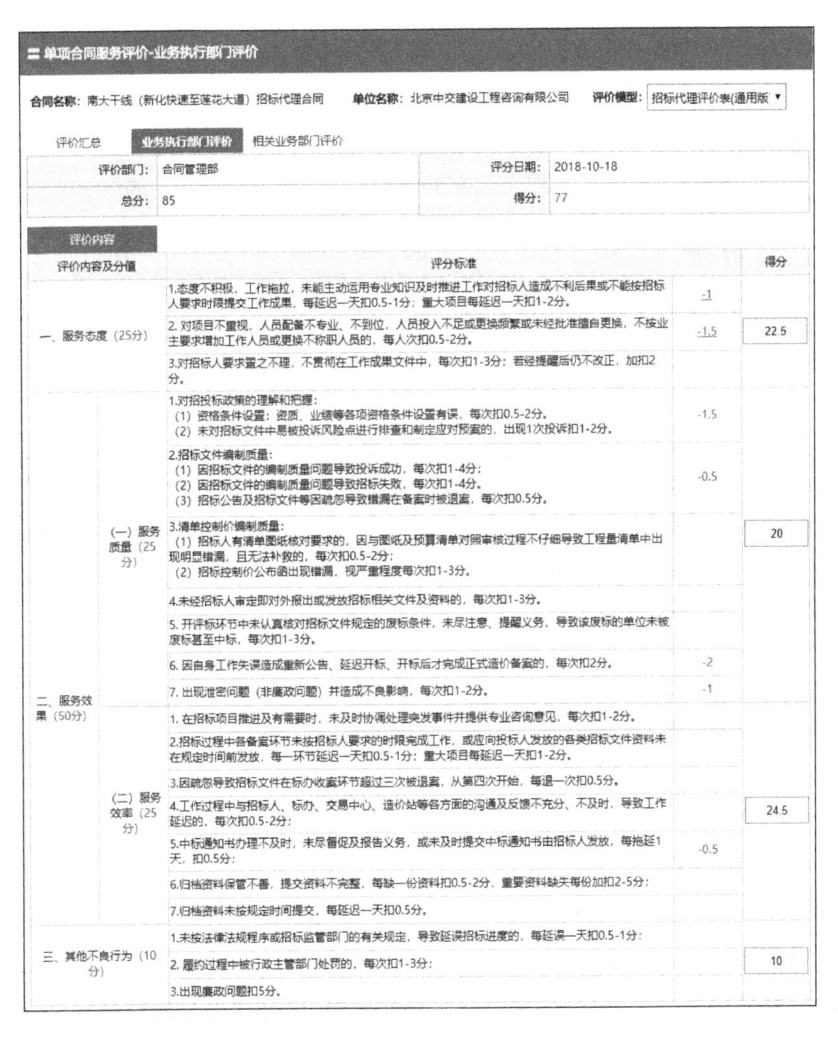

图 6-87　业务执行部门评价

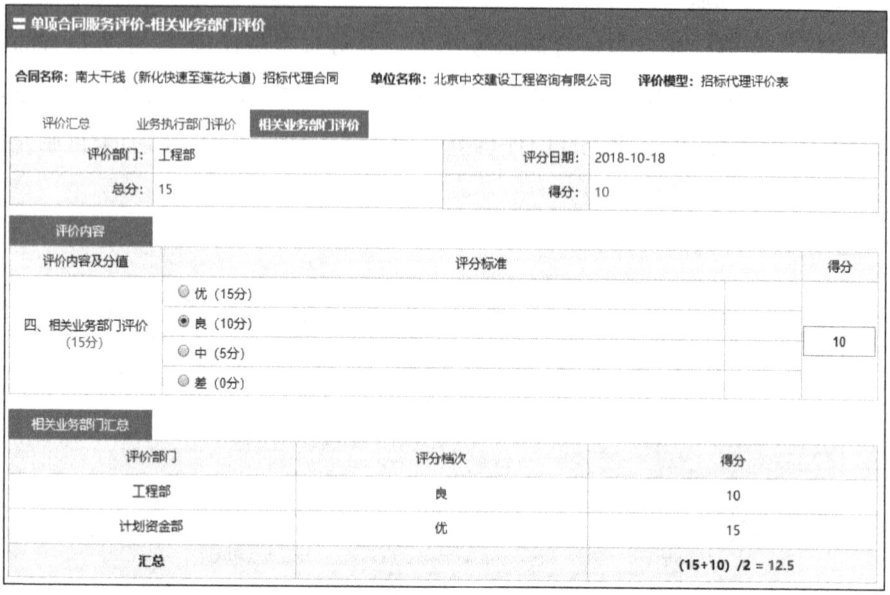

单项合同服务评价-相关业务部门评价

合同名称：南大干线（新化快速至莲花大道）招标代理合同　单位名称：北京中交建设工程咨询有限公司　评价模型：招标代理评价表

评价汇总　业务执行部门评价　相关业务部门评价

评价部门：	工程部	评分日期：	2018-10-18
总分：	15	得分：	10

评价内容

评价内容及分值	评分标准	得分
四、相关业务部门评价（15分）	○优（15分） ◉良（10分） ○中（5分） ○差（0分）	10

相关业务部门汇总

评价部门	评分档次	得分
工程部	良	10
计划资金部	优	15
汇总		(15+10) /2 = 12.5

图 6－88　相关业务部门评价

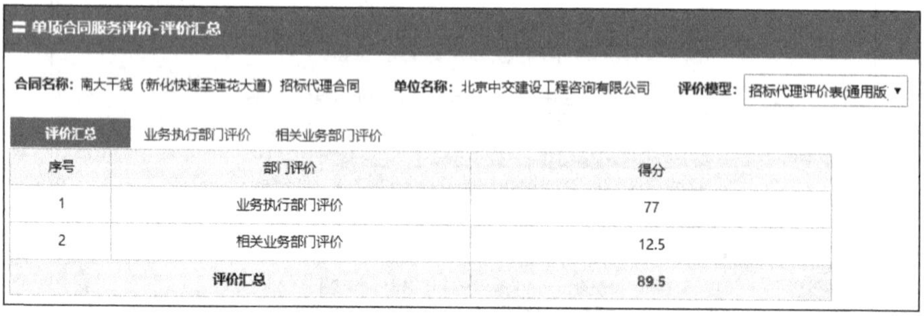

单项合同服务评价-评价汇总

合同名称：南大干线（新化快速至莲花大道）招标代理合同　单位名称：北京中交建设工程咨询有限公司　评价模型：招标代理评价表(通用版

评价汇总　业务执行部门评价　相关业务部门评价

序号	部门评价	得分
1	业务执行部门评价	77
2	相关业务部门评价	12.5
评价汇总		89.5

图 6－89　评价汇总

4. 年度综合评价

管理小组将在每年底对所有专业库进行年度综合评价。具体先由各业务执行部门对其对口专业库内各服务单位进行综合评价，各服务单位年度综合评价分由“服务单位年度项目平均分”及“业务执行部门评价”得分两部分组成。在各业务执行部门完成对口专业库各单位的综合评价后，由合同招标管理部门牵头组织管理小组召开年度评审会议，由管理小组对各部门提交的各专业库本年度综合评价结果进行审议，按分数由高至低汇总各专业库本年度综合评价结果，形成会议纪要，公布入库或出库单位（如有）、新增库情况，以及库内家数调整和最新的专业库名单等。

年度综合评价分为三个阶段：业务执行部门评价阶段、管理小组评审阶段和评价结果发布阶段。

业务执行部门综合评价。每年年底各业务部门人员对本部门负责专业库下的服务单位进行评价，每个专业库发起一个年度综合评价流程。

（1）发起部门评价：由业务执行部门内勤发起部门评价。选择专业库库别，添加需评价的库内单位，发起本部门所有人员的无记名投票（见图 6—90）。

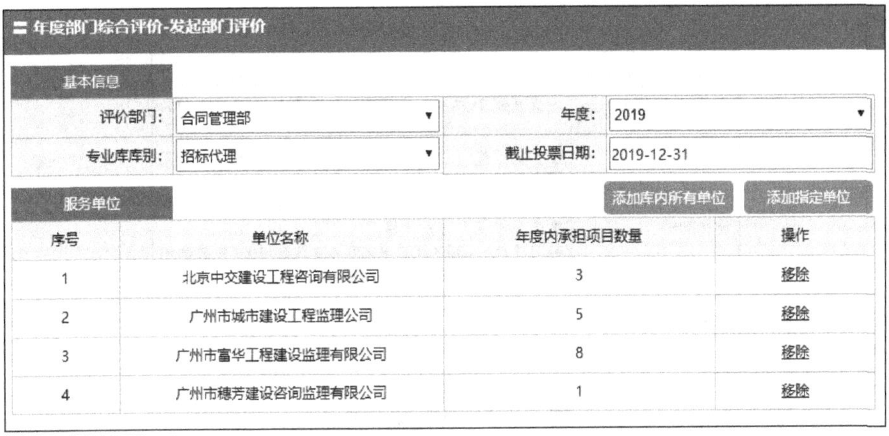
年度部门综合评价-发起部门评价
基本信息
评价部门:
合同管理部
年度:
2019
专业库库别:
招标代理
截止投票日期:
2019-12-31
服务单位
添加库内所有单位
添加指定单位
序号
单位名称
年度内承担项目数量
操作
1
北京中交建设工程咨询有限公司
3
移除
2
广州市城市建设工程监理公司
5
移除
3
广州市富华工程建设监理有限公司
8
移除
4
广州市穗芳建设咨询监理有限公司
1
移除

图 6—90　发起部门评价

（2）无记名投票：本部门所有人员收到投票待办，对每次评价专业库内所有服务单位进行投票，投票分为优（30 分）、良（20 分）、中（10 分）、差（0 分）四个选项（见图 6—91）。

（3）计算综合得分：无记名投票结束后，系统自动计算本专业库内各个服务单位的年度综合得分，计算公式如图 6—92 所示。

（4）部门评价汇总：将本专业库的系统计算结果进行汇总并对所有服务单位排名，支持导出 Excel（见图 6—93）。

图 6-91　无记名投票

1. 服务单位年度项目平均分（70%）	平均得分=(单项合同服务评价分数 1+单项合同服务评价分数 2+单项合同服务评价分数 N+…)/ N*70%
2. 业务执行部门评价（30%）	业务执行部门人员按优、良、中、差四个档次进行无记名投票，综合评价，其中： 优为 30 分；良为 20 分；中为 10 分；差为 0 分。最终得分按以下公式计算： 部门评价=（30×优票数+20×良票数+10×中票数+0×差票数)/投票总人数
3. 年度综合得分（100%）	年度综合得分=项目平均得分+部门评价得分

图 6-92　计算综合得分

年度综合评价结果评审。在各业务执行部门完成对口专业库各单位的综合评价后，由合同招标管理部门牵头组织管理小组召开年度评审会议，由管理小组对各部门提交的各专业库本年度综合评价结果进行审议，按分数由高至低汇总各专业库本年度综合评价结果，形成会议纪要，公布入库或出库单位（如有）、新增库情况，以及库内家数调整、最新的专业库名单等。

评审流程为线下操作，评审结束后各业务执行部门按照评审会议精神进行修正。

年度综合评价结果发布。评审结束后，需对年度综合评价结果进行发布。

第 6 章 合同管理和履约诚信评价的信息化实现 | 123

图 6-93 部门评价汇总

由合同管理部内勤按分数由高至低汇总各专业库本年度综合评价结果，上传评审会议纪要，公布入库或出库单位（如有）、新增库情况，以及库内家数调整、最新的专业库名单等信息，呈合同部部门领导→分管领导审批，审批通过后即自动发布（见图 6-94）。

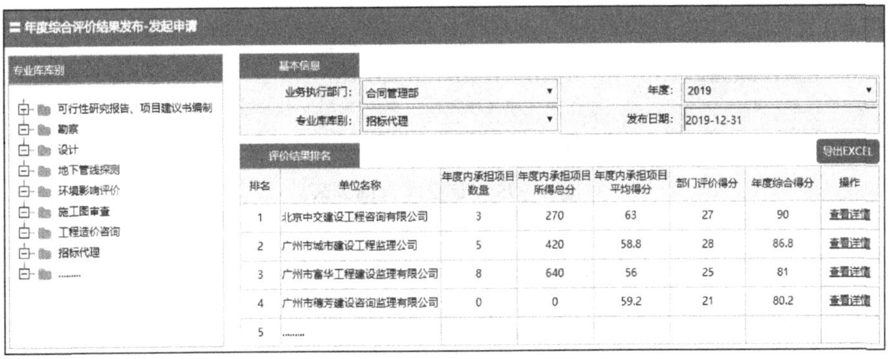

图 6-94 年度综合评价结果评审

5. 实时诚信评价

服务综合诚信评价为实时计算结果，每天由系统自动计算并发布。计算内容包括两部分：

（1）上年度综合评价得分（占 20%）＝上年度综合评价得分×20%；

(2)本年度已完成项目的平均得分(占80%)＝本年度已完成项目得分相加所得总分/本年度已完成项目个数×80%。

6.3.2.5　综合信息查询

综合信息查询包括对专业库、企业、考核评价结果排名等信息进行查询。

1. 专业库查询

对已建立的专业库的基本信息、入库单位信息进行查询(见图6－95、图6－96)。

专业库库别	库内名额上限	业务执行部门	建立日期	已入库单位家数	是否已达上限	操作
可行性研究报告、项目建议书编制	15	技术部	2018-10-18	10	否	查看
勘察	5	技术部	2018-10-18	5	是	查看
设计	5	技术部	2018-10-18	5	是	查看
地下管线探测	6	技术部	2018-10-18	3	否	查看
环境影响评价	6	技术部	2018-10-18	5	否	查看
施工图审查	6	技术部	2018-10-18	6	是	查看
通航安全论证(海事局)	6	技术部、工程部	2018-10-18	6	是	查看
工程造价咨询	9	计划资金部	2018-10-18	8	否	查看
招标代理	10	合同管理部	2018-10-18	7	否	查看
水土保持监测	8	工程部	2018-10-18	3	否	查看
工程实体质量监督抽测	12	工程部	2018-10-18	11	否	查看
白蚁防治	5	养护管理部	2018-10-18	3	否	查看
交通设施(含材料检测)检测	6	养护管理部	2018-10-18	3	否	查看

图6－95　专业库查询列表

对指定服务咨询单位的综合信息进行查询,包括对企业基本信息、历年综合评价情况、承接项目情况和日常行为记录等信息(见图6－97)。

企业基本信息展示该单位的基本信息,包括单位名称、地址、专业资质及等级、专业库库别及出入库情况、所获奖项和相关材料等(见图6－98)。

历年综合评价列出该单位历年的综合评价情况,包括排名、项目平均得分、部门评价得分和日常行为得分等(见图6－99、图6－100)。

承接项目情况列出该单位历年在项目办的项目承接情况、以及单项合同服务评价得分。

第 6 章　合同管理和履约诚信评价的信息化实现 | 125

图 6—96　专业库详情

图 6—97　企业信息查询

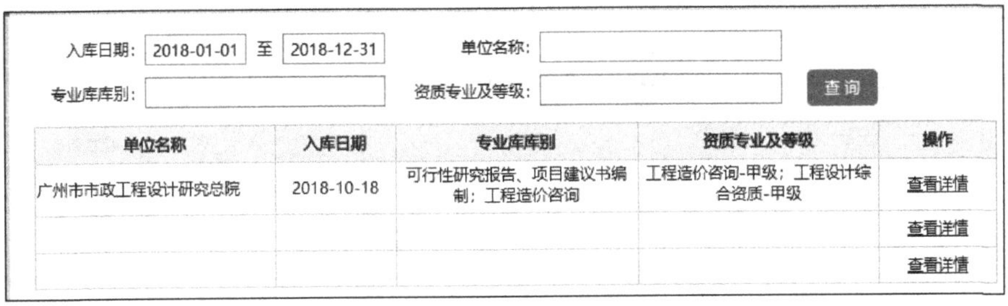

日常行为记录列出该单位的日常行为记录（扣分和奖励）情况（见图 6—101）。

企业综合信息查询 - 广州市市政工程设计研究总院

企业基本信息　历年综合评价　承接项目情况　日常行为记录

单位名称：	广州市市政工程设计研究总院			
单位地址：	广州市越秀区环市东路348号			
专业资质：	资质名称	资质等级	证书编号	有效期限
	工程造价咨询	甲级		
	工程设计综合资质	甲级		
可承接业务范围：				
联系人：	法人代表：张三；分管领导：李四（13602466132）；联系人：王五（13412838282）			
专业库库别：	专业库库别	入库日期	出库日期	状态
	可行性研究报告、项目建议书编制	2018-01-01		入库
	工程造价咨询	2017-01-02	2018-12-31	出库
所获奖项：	奖项名称	项目名称	颁奖日期	
	全国优秀工程勘察设计奖金奖	洲头咀隧道系统工程	2018-01-01	
	………			
相关材料：	材料名称	文件名称		
	单位营业执照	营业执照.jpg		
	资质证书	资质证书.jpg		
	法人证明	法人证明.jpg		
	法人委托书	法人委托书.jpg		
	服务于本项目的人员配备表	人员配备表.jpg		

图 6－98　企业基本信息展示

企业综合信息查询 - 广州市市政工程设计研究总院

企业基本信息　历年综合评价　承接项目情况　日常行为记录

年度	专业库库别	排名	年度内承担项目数量	年度内承担项目所得总分	年度内承担项目平均得分	部门评价得分	年度综合得分	操作
2018	设计	1	3	270	63	27	90	查看详情
2017	设计	3						查看详情
2016	设计	8						查看详情
2015	设计	2						查看详情

图 6－99　企业历年的综合评价情况

企业综合信息查询 - 广州市市政工程设计研究总院

企业基本信息　历年综合评价　承接项目情况　日常行为记录

序号	委托项目名称	合同编号	得分	评分日期	操作
1	南大干线（新化快速至莲花大道）招标代理合同	GTCC2018-001	90	2018-10-18	查看
2			未评价	--	查看
3			未评价	--	
4			未评价	--	

图 6—100　企业历年的承接项目情况

企业综合信息查询 - 广州市市政工程设计研究总院

企业基本信息　历年综合评价　承接项目情况　日常行为记录

处罚记录:

序号	委托项目名称	合同编号	扣分	扣分日期	操作
1	南大干线（新化快速至莲花大道）招标代理合同	GTCC2018-001	-5	2018-10-18	查看
2					
3					

奖励记录:

序号	委托项目名称	合同编号	加分	奖励日期	操作
1	南大干线（新化快速至莲花大道）招标代理合同	GTCC2018-001	5	2018-10-18	查看
2					查看
3					

图 6—101　企业的日常行为记录

2. 单项合同服务评价查询

查询单项合同服务评价得分及排名情况(见图 6—102)。

3. 年度综合评价排名

查询已发布的各服务单位的年度综合评价得分及排名情况(见图 6—103)。

4. 实时诚信评价排名

查询已发布的服务单位实时诚信评价排名。包括排名、单位名称、年度内承担项目数量、年度内承担项目所得总分、年度内承担项目平均得分、上年度综合评价得分(见图 6—104)。

图 6－102　单项合同服务评价查询

图 6－103　年度综合评价排名

图 6－104　实时诚信评价排名

6.4　本章小结

本章重点对合同管理和履约诚信评价的信息化实现路径进行了详细的介

绍。

为加强政府投资市政交通项目的合同委托的管理,保留管理痕迹,使管理更程序化、规范化和科学化,更有效地为工程服务,开发了业务协同管理系统——"市政交通工程建设项目合同委托管理"。主要从系统简介、合同管理、业务部门使用和合同计资管理等几个方面展开了讨论。

为加强委托规模以上项目实施单位的管理,使各实施单位在入库、出库、评价及服务过程管理更程序化、规范化和科学化,更有效地为工程各专业服务,开展了规模以上项目实施单位的信息化管理,开发了市政交通工程企业诚信评价服务管理软件——"履约诚信评价系统"。系统主要从事项管理、企业信息办理、企业管理、项目管理、履约评价的指标模型等开展了系统的详细叙述。应用规模以上项目履约诚信评价模型,对工程建设承担单位的各种履约行为进行评价,从而对项目进行有效管理。

为加强委托专业库库内服务单位的管理,使各专业库在入库、出库、评价及服务过程管理更程序化、规范化和科学化,更有效地为工程各专业服务,开展了专业库的信息化管理,开发了市政交通工程专业库管理软件——"专业服务单位诚信评价系统"。专业服务单位诚信评价系统主要从企业管理、专业库管理、委托管理、考核评价管理和综合信息查询五个方面展开了讨论。

结束语

本书首先总结分析了"放管服"改革不断深化的总体情况,提出了"放管服"改革深化对政府投资市政交通建设项目管理单位提出的新要求;梳理了全国有关地区在诚信评价模型与履约评价模型构建以及在"评定分离"中的履职情况、在诚信系统评价信息化系统建设方面的实践探索,为研究构建广州地区政府投资市政交通建设项目合同履约评价体系、加强履约评价结果在招投标"评定分离"中的应用、提升项目管理能力提供了有益借鉴。

依据合同规模,本书将政府投资市政交通建设项目合同划分为规模以上项目和规模以下项目。在此基础上本书分析政府投资市政交通建设项目管理的关键,以此作为合同履约评价指标体系构建的重要参考依据,并系统介绍了政府投资市政交通建设项目合同履约评价基本理论。

其次,对规模以上政府投资市政交通建设项目专业库评价体系进行了研究,充分总结、借鉴当前已有的有关项目诚信评价指标体系指标设置的主要方式,同时破解当前有关诚信评价体系与履约评价体系等存在的主要问题,研究构建规模以上政府投资市政交通建设项目诚信评价指标体系。对规模以下政府投资市政交通建设项目专业库评价体系进行研究,针对项目类型复杂、合同管理难度较大的特点,考虑不同类型的规模以下政府投资市政交通建设项目兼具共性与差异性,建立既简便可行又能在一定程度上反映该类型项目特点、管理关键点的三级评价指标体系。

再次,重点对履约诚信评价结果的应用进行了研究,主要包括在项目全过程管理的应用、在履约诚信评价体系和专业库管理中的应用以及在项目招标"评定分离"确定中标单位中的应用方面三个方面。在项目全过程管理的应用方面,应用规模以上项目履约诚信评价模型,对工程建设承担单位的各种履约行为进行评价,从而实现对项目的有效管理;在履约诚信评价体系和专业库管理中的应用方面,从履约诚信评价信息记录存档、履约诚信评价定期排序、专业库动态调整、行业主管部门实施履约诚信评价提供依据等方面进行了介绍;在项目招标"评定分离"确定中标单位中的应用方面,创新性地提出了基于履约诚信评价的"评定分离"中标单位确定方法,主要包括履约诚信评价定标法、考虑履约诚信评价的价格竞争定标法、考虑履约诚信评价的票决定标法、考虑履约诚信评价的票决抽签定标法、考虑履约诚信评价的集体议事法。

最后,重点对合同管理和履约诚信评价的信息化实现路径进行了详细的介绍。主要介绍了"市政交通工程建设项目合同委托管理"、市政交通工程企业诚信评价服务管理软件——"履约诚信评价系统"和市政交通工程专业库管理软件——"专业服务单位诚信评价系统"。

附录 1 规模以上政府投资项目合同履约评价模型清单

(一)现场安全施工管理评比表

序号	检查内容	评比项目及权重	评比主要内容	评比等级	项目评比得分	难度系数	得分
1	施工现场安全(70分)	一般安全施工(10%)	日常重大危险源及每日动态危险检查及公示情况	优□良□中□差□			
2			主要施工区域、危险部位,设施按规定悬挂安全标志				
3			安全工序验收牌的设置				
4			临边防护符合规范要求				
5			作业人员按规定佩戴安全帽				
6			作业人员按规定系挂安全带				
7		模板支架(15%)	脚手架立杆基础是否存在不平、不实、不符合方案设计要求等问题	优□良□中□差□			
8			脚手架按规范要求设置设置纵、横向扫地杆				
9			脚手架按规定设置纵向剪刀撑或横向斜撑				
10			脚手板是否未满铺或铺设不牢、不稳				
11			脚手架立杆与纵向水平杆交点处设置横向水平杆				
12			脚手架纵向水平杆搭接长度是否小于1m或固定不符合要求				
13			作业层使用安全平网双层兜底,且以下每隔10m使用安全平网封闭				
14		基坑支护安全(15%)	脚手架钢管是否弯曲、变形、锈蚀严重	优□良□中□差□			
15			上下专用通道设置是否符合要求				
16			坑槽开挖设置安全边坡是否符合安全要求				
17			基坑支护设施是否已产生局部变形又未采取措施调整				
18			支撑拆除是否按拆除方案施工				
19			积土、料具堆放与槽边距离是否符合设计规定				
20			机械设备施工与槽边距离是否符合设计要求				

附录1 规模以上政府投资项目合同履约评价模型清单 | 133

续表

序号	检查内容	评比项目及权重	评比主要内容	评比等级	项目评比得分	难度系数	得分
21		起重吊装安全（10%）	起重机械按要求设置行程限位装置并正常使用	优□ 良□ 中□ 差□			
22			起重机械吊钩按规范要求设置钢丝绳防脱钩装置				
23			起重机械钢丝绳是否磨损、断丝、变形，锈蚀达到报废标准				
24			起重机作业处地面承载能力是否符合规定或采用有效措施				
25			构件堆放高度不超过规定要求				
26			起重机作业设置信号指挥人员和司索工				
27			起重机作业按规定设置作业警戒区				
28		施工用电安全（10%）	是否在外电架空线路下方施工，建造临时设施或堆放材料物品	优□ 良□ 中□ 差□			
29			施工用电工作接地与重复接地的设置和安装是否符合规范				
30			施工现场防雷措施是否符合规范				
31			是否存在线路老化破损，接头处理不当等问题				
32			用电设备是否符合"一机、一闸、一漏、一箱"				
33			配电装置中的仪表、电器元件设置是否符合规范或损坏、失效				
34			现场照明设施配备情况				
35			是否存在照明线路接线混乱和安全电压线路接头处未使用绝缘布包扎等现象				
36		施工机具（10%）	圆盘锯设置锯盘护罩、分料器、防护挡板等安全装置	优□ 良□ 中□ 差□			
37			使用手持电动工具是否有防护棚、钢筋对焊作业区是否设置更换捅头				
38			钢筋加工区是否有防护棚，冷拉作业区是否采取防止火花飞溅措施				
39			电焊机设置防雨罩，接线柱设置防护罩				
40			氧气瓶按要求安装减压器				
41			气瓶间距是否小于5m，距明火小于10m且未采取隔离措施				

续表

序号	检查内容	评比项目及权重	评比主要内容	评比等级	项目评比得分	难度系数	得分
42	安全内业资料（30分）		乙炔瓶使用或存放时是否平放				
43			桩工机械按要求设置安全保护装置				
44			泵送机械整理是否清洁、漏油、漏水				
45		安全生产制度	建立安全生产责任制				
46			制定安全生产管理目标（伤亡控制、安全达标、文明施工）				
47			建立安全检查（定期、季节性）制度				
48		安全检查	按制度进行安全检查并做好记录	优□良□中□差□			
49			检查记录是否弄虚作假				
50		安全技术交底与验收	是否采取书面安全技术交底				
51			交底是否履行签字手续				
52			交底是否做到分部分项				
53			支架搭设完毕是否办理验收手续				
54		施工组织	施工组织设计中制定安全措施	优□良□中□差□			
55			危险性较大的分部分项工程编制安全专项施工方案				
56			按规定对专项方案进行专家论证				
57			施工组织设计、专项方案是否经过审批				
58			基坑开挖过程对毗邻建筑物和重要管线和道路进行沉降观测				

续表

序号	检查内容	评比项目及权重	评比主要内容	评比等级	项目评比得分	难度系数	得分
59		持证上岗及安全教育	特种作业人员持证上岗				
60			建立安全培训、教育制度				
61			新人场工人进行三级安全教育和考核				
62			变换工种时进行安全教育				
63		应急预案	制定安全生产应急预案				
64			建立应急救援组织，配备救援人员及应急救援器材				
65			进行应急救援演练				

注：
1. 评比得分③＝∑（项目评比得分②×权重值①×难度系数，缺项时，该项目不计分（只适用于施工现场评分，内业资料不参与权重评分）。
2. 打分标准

对各项目先评定等级，再按以下标准进行打分：

等级为优的，项目得分大于或等于 90 分小于等于 100 分；

等级为良的，项目得分大于或等于 75 分小于 90 分；

等级为中的，项目得分大于或等于 60 分小于 75 分；

等级为差的，项目得分小于 60 分。

3. 如在考评当月有高支模、深基坑、大型钢箱梁或预制梁等起吊安装施工内容时，每项可在安全总分中加 1%，得出相应难度系数。

(二) 文明施工管理评比表

序号	项目及权重值	评比主控项目	扣分情况	项目评比得分	评比说明	得分
1	文明施工（85分）	设置的"五牌一图"内容不全 在市区主要路段的工地周围未按规定设置封闭围挡 围挡材料不坚固,不稳定,不整洁,不美观 围挡没有沿工地四周连续设置 长期裸土未覆盖或绿化,短期裸土未洒水 现场有扬尘现象 施工现场出入口未标有企业名称或标识,且未设置车辆冲洗设施 夜间施工没有按批复要求进行,机械产生噪声超过《建筑施工场界噪声限值》,存在群众投诉现象 现场主要道路未进行硬化处理 现场道路不畅通,路面不平整坚实 现场作业、运输,存放材料等采取的防尘措施不全、不合理 排水设施不齐全或排水不通畅,有积水 未采取防止泥浆、污水、废水外流或堵塞下水道和排水河道措施 未设置吸烟处,随意吸烟 材料布局不合理,堆放不整齐,未标明名称、规格 施工垃圾未及时清运,未采用合理器具或随意凌空抛掷 未做到工完场清 易燃易爆物品未采取防护措施或未进行分类存放 生活用品摆放混乱,环境不卫生 未建立卫生责任制度,生活垃圾未装容器或未及时清理	优□ 良□ 中□ 差□			
2	绿色施工（15分）	监督站网上得分没有达5项的,15分				

注：
1. 评比得分③＝∑（项目评比得分②×权重值①）/∑评比项权重值①×工程规模系数。缺项时,该项目不计分。
2. 打分标准
对各评比项目先评定等级,再按以下标准进行打分：
等级为优的,项目得分大于或等于90分小于100分；等级为良的,项目得分大于或等于75分小于90分；等级为中的,项目得分大于或等于60分小于75分；等级为差的,项目得分小于60分。

（三）道路排水工程质量管理评比表

序号	项目及权重值		评比主控项目	评比等级	项目评比得分	评比说明	得分
1	排水项目（30%）	基础	原状地基、砂石基础与管道外壁间接触均匀、无空隙 混凝土基础外光内实、无严重缺陷	优□ 良□ 中□ 差□			
		管道敷设	管道敷设安装稳固，管道安装后线性平直 刚性管道无结构贯通裂缝和明显缺损情况 柔性管道的管壁不得出现明显纵向隆起、环向扁平和其他变形情况 管道内应光洁平整，无杂物、油污				
		雨水口、井安装	雨水口内壁勾缝应直顺、坚实，无漏勾、脱落 井框、井箅应完整，无缺口、配套，安装平稳、牢固 雨水支管安装顺直，无倒口、反坡、存水，管内清洁，接口处内壁无砂浆外露及破损现象，管端面完整				
		涵洞、水渠	各接缝、沉降缝位置正确，填缝无空鼓、裂缝、漏水现象；若有预制构件其接缝须与沉降缝吻合 不得遗留建筑垃圾等杂物 洞身、水渠顺直，进出口、洞身、沟槽等衔接平顺，线形匹配、棱角分明 外露混凝土表面平整、色泽一致，不得有通缝、裂缝等现象 缝整齐，墙面和拱圈的伸缩缝与底板伸缩缝应垂直、砂浆必须饱满、嵌缝密实，勾缝宽应符合设计要求，与墙不得有通缝 砖墙和拱圈的伸缩缝与底板伸缩缝应对正，缝宽应符合设计要求，砖墙不得有通缝				
2	人行道项目及路缘石（30%）	料石铺砌人行道面层	铺砌稳固、无翘动 表面平整、缝线直顺、缝宽均匀、灌缝饱满 无翘边、翘角、反坡、积水现象	优□ 良□ 中□ 差□			
		混凝土预制砌块铺筑面层	铺砌稳固、无翘动 表面平整、缝线直顺、缝宽均匀、灌缝饱满 无翘边、翘角、反坡、积水现象				

续表

序号	项目及权重值	评比主控项目		评比等级	项目评比得分	评比说明	得分
3	道路项目（40%）	路缘石铺砌	路缘石砌筑稳固，砂浆饱满，勾缝密实	优□ 良□ 中□ 差□			
		外露面清洁，线条顺畅，平缘石不阻水					
		基层	表面平整，坚实				
		基层	表面平整，坚实				
		沥青混合料面层	表面平整，坚实，接缝紧密，无枯焦				
			无明显轮迹、推挤裂缝、脱落、烂边、油斑、掉渣等现象，不得污染其他构筑物				
			面层与路缘石、平石、检查井及其他构筑物接顺，不得有石子外露和浮浆、脱皮、踪痕、积水现象和跳车现象				
		水泥混凝土面层	板面平整、密实，边角整齐，无裂缝，井不裂缝不得大于总面积的0.5%				
			水等现象，缝垂直，缝内不得有杂物				
			伸缩缝垂直、直顺，缝黄陷、蜂窝麻面积不得大于总面积的0.5%				
			伸缩缝在规定的深度和宽度范围内全部贯通，传力杆不与缝面垂直				
		铺砌式面层	表面直顺，稳固，灌缝饱满，无反坡积水现象				
			缝线直顺，稳固，灌缝饱满，无反坡积水现象				

注：
1. 评比得分③＝∑（项目评比得分②×权重值①）/∑评比项权重值①。缺项时，该项目不计分。
2. 打分标准
对各项目先评定等级，再按以下标准进行打分：
等级为优的，项目得分大于或等于90分小于100分；
等级为良的，项目得分大于或等于75分小于90分；
等级为中的，项目得分大于或等于60分小于75分；
等级为差的，项目得分小于60分。

（四）桥梁隧道工程质量管理评比表

序号	项目及权重值		评比主控项目	评比等级	项目评比得分	评比说明	得分
1	下部结构（20%）	基础	原状地基、砂石基础与管道外壁间接触均匀、无空隙；混凝土基础外光内实、无严重缺陷；桩基础成桩检测结果类型、及对Ⅳ、Ⅲ类桩或异常情况处理情况	优□ 良□ 中□ 差□			
		墩柱、承台	墩台混凝土表面应平整、色泽均匀、无明显缺陷、蜂窝麻面、外形轮廓清晰；砌筑坡角表面应平整，砌缝应密实坚固，勾缝应无脱落、线形顺直；桥台与挡墙、护坡或锥坡衔接应平顺，应无明显错台；沉降缝、泄水孔设置正确	优□ 良□ 中□ 差□			
		盖梁	不得出现超过设计规定的受力裂缝；表面应无孔洞、露筋、蜂窝、麻面				
2	上部结构（30%）	梁体	混凝土梁体（框架桥体）表面应平整、色泽均匀、无孔洞、蜂窝、麻面、不得出现超过设计规定的裂缝、轮廓清晰、无明显缺陷；全桥整体线形应平顺，梁缝基本均匀；钢梁安装线形应平顺，防护涂装色泽应均匀，无漏涂，无划伤、无起皮、涂膜无裂纹	优□ 良□ 中□ 差□			
		隔声装置	隔声与防眩装置安装必须牢固、可靠；防护涂层不得漏涂、剥落；表面不得有气泡、起皱、裂纹、毛刺和翘曲等缺陷				
3	桥梁附属结构（10%）	桥头搭板及防撞墙	混凝土搭板结构应稳固，枕梁不得有蜂窝、露筋，枕梁支承处应严密、稳固、相邻板之间的缝隙应嵌填密实；板的表面应平整、板边缘应直顺，无缺棱掉角；防撞墙线形应直顺、表面应平整、色泽均匀	优□ 良□ 中□ 差□			
		伸缩装置	伸缩装置必须满足设计图纸和有关技术规范的要求				

续表

序号	项目及权重值	评比主控项目	评比等级	项目评比得分	评比说明	得分
4	隧道结构 (30%)	侧墙	混凝土表面光滑、平整	优□ 良□ 中□ 差□		
		顶板	无蜂窝、麻面，缺边掉角现象			
		顶板	现浇钢筋混凝土顶板表面光滑、平整、无蜂窝、麻面，缺边掉角现象			
		防撞墙或路缘石	防撞墙或路缘石线形应直顺，表面应平整			
5	隧道装饰 (10%)	装饰板	装饰板安装应牢固，位置准确，符合设计要求	优□ 良□ 中□ 差□		
		装饰面层	涂料面层均匀			

注：1. 评比得分③＝∑(项目评比得分②×权重值①)/∑评比项权重值①，缺项时，该项目不计分。

2. 打分标准

对各项目先评定等级，再按以下标准进行打分：

等级为优的，项目得分大于或等于90分小于100分；

等级为良的，项目得分大于或等于75分小于90分；

等级为中的，项目得分大于或等于60分小于75分；

等级为差的，项目得分小于60分。

（五）附属工程质量管理评比表

序号	项目及权重值	评比主控项目		评比等级	项目评比得分	评比说明	得分
1	交通设施及路灯(60%)	护栏	护栏安装要牢固,位置正确	优□ 良□ 中□ 差□			
		限行设施	龙门架等限高限行设施安装牢固,设置警示标志				
		标线、标牌	标线位置准确安装要求固,线型美观				
			标牌安装要牢固,位置正确				
		路灯安装	同一街道、公路、广场、桥梁的路灯安装高度(从光源到地面)、仰角、装灯方向保持一致				
			灯具安装纵向中心线和灯臂纵向中心线一致,高度一致,灯具横向水平线应与地面平行、紧固后后测量应无歪斜				
2	绿化种植(40%)	种植土	不含建筑废土及有害成分,强酸性土、强碱性土、重黏土、盐土、沙土、沥青及有毒垃圾等含有有害成分的材料	优□ 良□ 中□ 差□			
		苗木	按设计要求施足植物基肥				
			苗木的胸径及树高符合设计要求				

注：1. 评比得分③＝Σ(项目评比得分②×权重值①)/Σ评比项权重值①，缺项时，该项目不计分。

2. 打分标准

对各项目先评定等级，再按以下标准进行打分：

等级为优的，项目得分大于或等于 90 分小于 100 分；

等级为良的，项目得分大于或等于 75 分小于 90 分；

等级为中的，项目得分大于或等于 60 分小于 75 分；

等级为差的，项目得分小于 60 分。

附录2　规模以下政府投资项目合同履约评价模型清单

（一）可行性研究与项目建议书编制项目专业库评价模型

一级评价指标	二级评价指标	三级评价指标	指标评定具体内容	权重
A 履约评价总体结论	B_1 服务态度	C_{11} 人员设备配备情况	为项目配置符合合同约定的、满足项目顺利开展需要的技术人员与设施设备，不能频繁更换或未经批准擅自更换，严格按照业主要求增加工作人员或更换不称职人员	0.036
		C_{12} 严格落实工作要求	落实项目建设管理单位的有关工作指示要求，能切实落实到工作成果中	0.043
		C_{13} 服务态度勤恳扎实	服务单位在与建设管理单位沟通交流、推进项目中，没有敷衍塞责、推脱扯皮、胡乱蒙混等恶劣态度情况	0.051
	B_2 服务质量	C_{21} 研究深度	研究深度符合国家、行业现行关于可行性研究、项目建议书编制的有关规定，满足项目建设管理单位关于项目立项、决策的有关管理需要	0.134
		C_{22} 报告编制质量	研究报告编制规范，体例设置合理，不出现文字表述、数据引用、模型运用、逻辑脉络等方面的错误	0.211
		C_{23} 验收通过情况	研究报告顺利通过项目建设管理单位组织开展的各项内部审查会议、政府管理部门组织的验收审查会议	0.134
	B_3 服务效率	C_{31} 服务进度效率	严格控制项目在开展过程中重要控制节点，在合同约定的各项节点时间内完成相应阶段性工作	0.085
		C_{32} 工作要求响应效率	在项目建设管理单位提出某项符合合同约定的工作要求、合理的工作时间要求时，服务单位能够快速响应，并在相应时间要求内完成工作内容，具有即时响应效率	0.085
	B_4 一般性不良行为	C_{41} 遵守法规制度情况	有关法律法规、业内有关规章制度是规模以下项目开展的红线，服务单位必须严格遵守有关法规制度，坚决杜绝产生违法乱纪、违反行业有关规定的非法行为	0.073
		C_{42} 安全生产情况	严格按照安全生产有关要求落实工作，坚决杜绝产生安全生产事故	0.086
		C_{43} 廉洁清正工作作风情况	严格遵守廉洁纪律要求，不通过违反有关廉洁纪律规定的手段方法争取项目、推动质量低下的成果蒙混过关等	0.062

(二)地下管线探测项目专业库评价指标体系

一级评价指标	二级评价指标	三级评价指标	指标评定具体内容	权重
A 履约评价总体结论	B_1 服务态度	C_{11} 人员设备配备情况	为项目配置符合合同约定的、满足项目顺利开展需要的技术人员与设施设备,不能频繁更换或未经批准擅自更换,严格按照业主要求增加工作人员或更换不称职人员	0.036
		C_{12} 严格落实工作要求	落实项目建设管理单位的有关工作指示要求,能切实落实到工作成果中	0.043
		C_{13} 服务态度勤恳扎实	服务单位在与建设管理单位沟通交流、推进项目中,没有敷衍塞责、推脱扯皮、胡乱蒙混等恶劣态度情况	0.051
	B_2 服务质量	C_{21} 管线探测精确	地下管线探测的范围划定科学合理,满足工程建设需要。探测工具与方法选定适当,能够全面、清晰查明地下管线的布设现状,包括埋深、规格,以及管线类型、材质等属性	0.240
		C_{22} 管理测绘清晰明确	能够在测量地下管线的基础上,绘制出符合建设管理单位使用要求的地下管线测绘成果,有关测绘成果应表述准确、清晰。对于可以实现动态更新、动态管理的测绘成果,可以适当加分	0.240
	B_3 服务效率	C_{31} 服务进度效率	严格控制项目在开展过程中重要控制节点,在合同约定的各项节点时间内完成相应阶段性工作	0.085
		C_{32} 工作要求响应效率	在项目建设管理单位提出某项符合合同约定的工作要求、合理的工作时间要求时,服务单位能够快速响应,并在相应时间要求内完成工作内容,具有即时响应效率	0.085
	B_4 一般性不良行为	C_{41} 遵守法规制度情况	有关法律法规、业内有关规章制度是规模以下项目开展的红线,服务单位必须严格遵守有关法规制度,坚决杜绝产生违法乱纪、违反行业有关规定的非法行为	0.073
		C_{42} 安全生产情况	严格按照安全生产有关要求落实工作,坚决杜绝产生安全生产事故	0.086
		C_{43} 廉洁清正工作作风情况	严格遵守廉洁纪律要求,不通过违反有关廉洁纪律规定的手段方法争取项目、推动质量低下的成果蒙混过关等	0.062

(三)交通流量分析与预测项目专业库评价指标体系

一级评价指标	二级评价指标	三级评价指标	指标评定具体内容	权重
A 履约评价总体结论	B_1 服务态度	C_{11} 人员设备配备情况	为项目配置符合合同约定的、满足项目顺利开展需要的技术人员与设施设备,不能频繁更换或未经批准擅自更换,严格按照业主要求增加工作人员或更换不称职人员	0.036
		C_{12} 严格落实工作要求	落实项目建设管理单位的有关工作指示要求,能切实落实到工作成果中	0.043
		C_{13} 服务态度勤恳扎实	服务单位在与建设管理单位沟通交流、推进项目中,没有敷衍塞责、推脱扯皮、胡乱蒙混等恶劣态度情况	0.051
	B_2 服务质量	C_{21} 交通调查详细扎实	充分调研市政交通建设项目所在区域的经济社会、土地利用、人口分布等现状情况,调研掌握区域未来发展情况,全面了解有关发展规划情况等	0.106
		C_{22} 交通流量预测科学	合理选用有关交通流量预测方法、理论模型与有关预测工具,在影响区划定、参数选定等方面科学合理,预测过程严谨科学,符合有关专业技术要求	0.211
		C_{23} 评估结论合理可信	对市政交通建设项目对交通流量的分析与预测能够做出合理可信的研究结论,能够满足项目建设管理单位研究决策等提供科学依据	0.211
	B_3 服务效率	C_{31} 服务进度效率	严格控制项目在开展过程中重要控制节点,在合同约定的各项节点时间内完成相应阶段性工作	0.085
		C_{32} 工作要求响应效率	在项目建设管理单位提出某项符合合同约定的工作要求、合理的工作时间要求时,服务单位能够快速响应,并在相应时间要求内完成工作内容,具有即时响应效率	0.085
	B_4 一般性不良行为	C_{41} 遵守法规制度情况	有关法律法规、业内有关规章制度是规模以下项目开展的红线,服务单位必须严格遵守有关法规制度,坚决杜绝产生违法乱纪、违反行业有关规定的非法行为	0.073
		C_{42} 安全生产情况	严格按照安全生产有关要求落实工作,坚决杜绝产生安全生产事故	0.086
		C_{43} 廉洁清正工作作风情况	严格遵守廉洁纪律要求,不通过违反有关廉洁纪律规定的手段方法争取项目、推动质量低下的成果蒙混过关等	0.062

(四)施工图审查项目专业库评价指标体系

一级评价指标	二级评价指标	三级评价指标	指标评定具体内容	权重
A 履约评价总体结论	B_1 服务态度	C_{11} 人员设备配备情况	为项目配置符合合同约定的、满足项目顺利开展需要的技术人员与设施设备,不能频繁更换或未经批准擅自更换,严格按照业主要求增加工作人员或更换不称职人员	0.036
		C_{12} 严格落实工作要求	落实项目建设管理单位的有关工作指示要求,能切实落实到工作成果中	0.043
		C_{13} 服务态度勤恳扎实	服务单位在与建设管理单位沟通交流、推进项目中,没有敷衍塞责、推脱扯皮、胡乱蒙混等恶劣态度情况	0.051
	B_2 服务质量	C_{21} 审查依据充分	在审查过程中对国家、行业、地方有关规范文件把握充分,尤其是涉及市政交通工程相关的审查依据,要切实做好依据合理、充分	0.082
		C_{22} 审查内容全面	市政交通工程建设项目施工图进行全方面审查,对抗震等各个方面进行细致审查,切实发挥施工图审查的作用	0.178
		C_{23} 审查结论安全可信	做出的施工图审查结论安全翔实,为项目建设管理单位提供可行的审查结论	0.221
	B_3 服务效率	C_{31} 服务进度效率	严格控制项目在开展过程中重要控制节点,在合同约定的各节点时间内完成相应阶段性工作	0.085
		C_{32} 工作要求响应效率	在项目建设管理单位提出某项符合合同约定的工作要求、合理的工作时间要求时,服务单位能够快速响应,并在相应时间要求内完成工作内容,具有即时响应效率	0.085
	B_4 一般性不良行为	C_{41} 遵守法规制度情况	有关法律法规、业内有关规章制度是规模以下项目开展的红线,服务单位必须严格遵守有关法规制度,坚决杜绝产生违法乱纪、违反行业有关规定的非法行为	0.073
		C_{42} 安全生产情况	严格按照安全生产有关要求落实工作,坚决杜绝产生安全生产事故	0.086
		C_{43} 廉洁清正工作作风情况	严格遵守廉洁纪律要求,不通过违反有关廉洁纪律规定的手段方法争取项目、推动质量低下的成果蒙混过关等	0.062

(五)防洪评价项目专业库评价指标体系

一级评价指标	二级评价指标	三级评价指标	指标评定具体内容	权重
A 履约评价总体结论	B_1 服务态度	C_{11} 人员设备配备情况	为项目配置符合合同约定的、满足项目顺利开展需要的技术人员与设施设备,不能更换频繁或未经批准擅自更换,严格按照业主要求增加工作人员或更换不称职人员	0.036
		C_{12} 严格落实工作要求	落实项目建设管理单位的有关工作指示要求,能切实落实到工作成果中	0.043
		C_{13} 服务态度勤恳扎实	服务单位在与建设管理单位沟通交流、推进项目中,没有敷衍塞责、推脱扯皮、胡乱蒙混等恶劣态度情况	0.051
	B_2 服务质量	C_{21} 基础资料及河道演变掌握情况	全面掌握评估河道区域内的基础资料,包括流域位置、防洪标准、附近水利工程情况和规划情况、流域未来规划情况,以及该流域河道演变历程等,为评估提供坚实的研究基础	0.086
		C_{22} 防洪评价计算合理可信	评价计算方法得当,对拟建市政交通建设项目对于壅水分析、水动力条件、桥墩冲刷分析等建立合理的数学模型或物理模型,参数设置科学合理	0.168
		C_{23} 防洪综合评价准确	对拟建市政交通建设项目对河道流域影响、防洪评价结论准确,为项目建设管理单位决策提供科学可信的依据	0.168
		C_{24} 防治和补救措施合理实用	提出的防治工程措施科学合理,能够切实消除或避免防洪不利影响,而且对工程量估算基本准确,与主体工程建设的进度协调合理	0.058
	B_3 服务效率	C_{31} 服务进度效率	严格控制项目在开展过程中重要控制节点,在合同约定的各项节点时间内完成相应阶段性工作	0.085
		C_{32} 工作要求响应效率	在项目建设管理单位提出某项符合合同约定的工作要求、合理的工作时间要求时,服务单位能够快速响应,并在相应时间要求内完成工作内容,具有即时响应效率	0.085
	B_4 一般性不良行为	C_{41} 遵守法规制度情况	有关法律法规、业内有关规章制度是规模以下项目开展的红线,服务单位必须严格遵守有关法规制度,坚决杜绝产生违法乱纪、违反行业有关规定的非法行为	0.073
		C_{42} 安全生产情况	严格按照安全生产有关要求落实工作,坚决杜绝产生安全生产事故	0.086
		C_{43} 廉洁清正工作作风情况	严格遵守廉洁纪律要求,不通过违反有关廉洁纪律规定的手段方法争取项目、推动质量低下的成果蒙混过关等	0.062

(六)环境影响评价项目专业库评价指标体系

一级评价指标	二级评价指标	三级评价指标	指标评定具体内容	权重
A 履约评价总体结论	B_1 服务态度	C_{11} 人员设备配备情况	为项目配置符合合同约定的、满足项目顺利开展需要的技术人员与设施设备,不能频繁更换或未经批准擅自更换,严格按照业主要求增加工作人员或更换不称职人员	0.036
		C_{12} 严格落实工作要求	落实项目建设管理单位的有关工作指示要求,能切实落实到工作成果中	0.043
		C_{13} 服务态度勤恳扎实	服务单位在与建设管理单位沟通交流、推进项目中,没有敷衍塞责、推脱扯皮、胡乱蒙混等恶劣态度情况	0.051
	B_2 服务质量	C_{21} 基础资料掌握情况	全面掌握环境影响评价区域内的基础资料,包括区域土地利用情况、环境要素情况、拟建工程项目概况等,为评估提供坚实的研究基础	0.058
		C_{22} 区域环境影响因素识别准确	能够全面、准确识别出拟建市政交通建设项目对区域环境、生态可能产生的不利影响和损害,能够科学合理论证研究	0.110
		C_{23} 环境影响评价方法科学合理	对拟建市政交通建设项目所产生的各种环境污染和生态破坏,包括大气环境污染、水环境污染、噪声污染等,选用客观合理的评估方法,而不能简单、主观、直观判断	0.134
		C_{24} 环境影响评价结论合理可信	对拟建市政交通建设项目可能产生环境污染和生态破坏做出的评价结论合理、可信,能够为项目建设管理单位提供科学依据	0.120
		C_{25} 环境影响防治措施合理妥当	提出的环境污染防治措施合理适用,能够切实避免或者降低拟建项目对于区域周边环境造成的不利影响,且具有良好的经济性、可实施性	0.058
	B_3 服务效率	C_{31} 服务进度效率	严格控制项目在开展过程中重要控制节点,在合同约定的各项节点时间内完成相应阶段性工作	0.085
		C_{32} 工作要求响应效率	在项目建设管理单位提出某项符合合同约定的工作要求、合理的工作时间要求时,服务单位能够快速响应,并在相应时间要求内完成工作内容,具有即时响应效率	0.085
	B_4 一般性不良行为	C_{41} 遵守法规制度情况	有关法律法规、业内有关规章制度是规模以下项目开展的红线,服务单位必须严格遵守有关法规制度,坚决杜绝产生违法乱纪、违反行业有关规定的非法行为	0.073
		C_{42} 安全生产情况	严格按照安全生产有关要求落实工作,坚决杜绝产生安全生产事故	0.086
		C_{43} 廉洁清正工作作风情况	严格遵守廉洁纪律要求,不通过违反有关廉洁纪律规定的手段方法争取项目、推动质量低下的成果蒙混过关等	0.062

(七)地震安全性评价项目专业库评价指标体系

一级评价指标	二级评价指标	三级评价指标	指标评定具体内容	权重
A 履约评价总体结论	B_1 服务态度	C_{11} 人员设备配备情况	为项目配置符合合同约定的、满足项目顺利开展需要的技术人员与设施设备,不能频繁更换或未经批准擅自更换,严格按照业主要求增加工作人员或更换不称职人员	0.036
		C_{12} 严格落实工作要求	落实项目建设管理单位的有关工作指示要求,能切实落实到工作成果中	0.043
		C_{13} 服务态度勤恳扎实	服务单位在与建设管理单位沟通交流、推进项目中,没有敷衍塞责、推脱扯皮、胡乱蒙混等恶劣态度情况	0.051
	B_2 服务质量	C_{21} 基础资料掌握情况	全面掌握地震安全性评价区域内的基础资料,包括地震地质条件、地球物理场、历史地震影响等,有关材料均具有可信的来源,能够为评估提供坚实的研究基础	0.106
		C_{22} 地震安全性评价方法科学合理	选用先进、科学的地震安全性评估方法,包括地震构造法、地震危险性概率分析等	0.211
		C_{23} 地震安全性评价结论合理可信	给出的地震活动性参数准确,对工程建设场地地震危险性作出可信的评估判断,能够为项目建设管理单位提供科学依据	0.211
	B_3 服务效率	C_{31} 服务进度效率	严格控制项目在开展过程中重要控制节点,在合同约定的各项节点时间内完成相应阶段性工作	0.085
		C_{32} 工作要求响应效率	在项目建设管理单位提出某项符合合同约定的工作要求、合理的工作时间要求时,服务单位能够快速响应,并在相应时间要求内完成工作内容,具有即时响应效率	0.085
	B_4 一般性不良行为	C_{41} 遵守法规制度情况	有关法律法规、业内有关规章制度是规模以下项目开展的红线,服务单位必须严格遵守有关法规制度,坚决杜绝产生违法乱纪、违反行业有关规定的非法行为	0.073
		C_{42} 安全生产情况	严格按照安全生产有关要求落实工作,坚决杜绝产生安全生产事故	0.086
		C_{43} 廉洁清正工作作风情况	严格遵守廉洁纪律要求,不通过违反有关廉洁纪律规定的手段方法争取项目,推动质量低下的成果蒙混过关等	0.062

(八)地质灾害危险性评价项目专业库评价指标体系

一级评价指标	二级评价指标	三级评价指标	指标评定具体内容	权重
A 履约评价总体结论	B_1 服务态度	C_{11} 人员设备配备情况	为项目配置符合合同约定的、满足项目顺利开展需要的技术人员与设施设备,不能频繁更换或未经批准擅自更换,严格按照业主要求增加工作人员或更换不称职人员	0.036
		C_{12} 严格落实工作要求	落实项目建设管理单位的有关工作指示要求,能切实落实到工作成果中	0.043
		C_{13} 服务态度勤恳扎实	服务单位在与建设管理单位沟通交流、推进项目中,没有敷衍塞责、推脱扯皮、胡乱蒙混等恶劣态度情况	0.051
	B_2 服务质量	C_{21} 基础资料掌握情况	全面掌握地质灾害危险性评价区域内的基础资料,包括地质灾害活动历史、形成条件、变化规律与发展趋势等,有关材料均具有可信的来源,能够为评估提供坚实的研究基础	0.106
		C_{22} 地质灾害危险性评价方法科学合理	根据现状评估和预测评估的情况,采取定性、半定量的方法综合评估地质灾害危险性程度,对拟建项目选址用地的适宜性作出科学评估	0.211
		C_{23} 地质灾害危险性评估结论合理可信	给出的地质灾害危险性分级科学准确、能够为拟建项目选定用地、防范地质灾害提供科学依据	0.211
	B_3 服务效率	C_{31} 服务进度效率	严格控制项目在开展过程中重要控制节点,在合同约定的各项节点时间内完成相应阶段性工作	0.085
		C_{32} 工作要求响应效率	在项目建设管理单位提出某项符合合同约定的工作要求、合理的工作时间要求时,服务单位能够快速响应,并在相应时间要求内完成工作内容,具有即时响应效率	0.085
	B_4 一般性不良行为	C_{41} 遵守法规制度情况	有关法律法规、业内有关规章制度是规模以下项目开展的红线,服务单位必须严格遵守有关法规制度,坚决杜绝产生违ানจ乱纪、违反行业有关规定的非法行为	0.073
		C_{42} 安全生产情况	严格按照安全生产有关要求落实工作,坚决杜绝产生安全生产事故	0.086
		C_{43} 廉洁清正工作作风情况	严格遵守廉洁纪律要求,不通过违反有关廉洁纪律规定的手段方法争取项目、推动质量低下的成果蒙混过关等	0.062

(九)水下地形测量项目专业库评价指标体系

一级评价指标	二级评价指标	三级评价指标	指标评定具体内容	权重
A 履约评价总体结论	B_1 服务态度	C_{11} 人员设备配备情况	为项目配置符合合同约定的、满足项目顺利开展需要的技术人员与设施设备,不能频繁更换或未经批准擅自更换,严格按照业主要求增加工作人员或更换不称职人员	0.036
		C_{12} 严格落实工作要求	落实项目建设管理单位的有关工作指示要求,能切实落实到工作成果中	0.043
		C_{13} 服务态度勤恳扎实	服务单位在与建设管理单位沟通交流、推进项目中,没有敷衍塞责、推脱扯皮、胡乱蒙混等恶劣态度情况	0.051
	B_2 服务质量	C_{21} 测量方法科学合理	在陆地建立合理的控制网,精细进行水下测深点定位、水深测量、水位观测,合理选用断面索法、经纬仪或平板仪前方交会法、全站式速测仪极坐标法、无线电定位法、水下声学定位和差分GPS定位法等	0.230
		C_{22} 测量装备先进适用	合理选用测深杆、测深锤和回声测深仪等器具,以精准高效完成水下地形测绘工作	0.158
		C_{23} 测绘图纸清晰实用	在完成测绘后,向项目建设管理单位提供表述准确、清晰反映水下地形情况的测绘图纸	0.091
	B_3 服务效率	C_{31} 服务进度效率	严格控制项目在开展过程中重要控制节点,在合同约定的各项节点时间内完成相应阶段性工作	0.085
		C_{32} 工作要求响应效率	在项目建设管理单位提出某项符合合同约定的工作要求、合理的工作时间要求时,服务单位能够快速响应,并在相应时间要求内完成工作内容,具有即时响应效率	0.085
	B_4 一般性不良行为	C_{41} 遵守法规制度情况	有关法律法规、业内有关规章制度是规模以下项目开展的红线,服务单位必须严格遵守有关法规制度,坚决杜绝产生违法乱纪、违反行业有关规定的非法行为	0.073
		C_{42} 安全生产情况	严格按照安全生产有关要求落实工作,坚决杜绝产生安全生产事故	0.086
		C_{43} 廉洁清正工作作风情况	严格遵守廉洁纪律要求,不通过违反有关廉洁纪律规定的手段方法争取项目、推动质量低下的成果蒙混过关等	0.062

(十)水土保持方案编制项目专业库评价指标体系

一级评价指标	二级评价指标	三级评价指标	指标评定具体内容	权重
A 履约评价总体结论	B_1 服务态度	C_{11} 人员设备配备情况	为项目配置符合合同约定的、满足项目顺利开展需要的技术人员与设施设备,不能频繁更换或未经批准擅自更换,严格按照业主要求增加工作人员或更换不称职人员	0.036
		C_{12} 严格落实工作要求	落实项目建设管理单位的有关工作指示要求,能切实落实到工作成果中	0.043
		C_{13} 服务态度勤恳扎实	服务单位在与建设管理单位沟通交流、推进项目中,没有敷衍塞责、推脱扯皮、胡乱蒙混等恶劣态度情况	0.051
	B_2 服务质量	C_{21} 水土影响分析预测科学合理	分析市政交通建设项目选址选线进行水土保持约束性因素,分析土石方填挖、施工组织分析的水土保持合理性,合理选定弃渣场,分析表土资源保护与利用情况,对可能的水土流失情况进行合理估算预测	0.240
		C_{22} 水土保持方案合理可行	论证确定水土流失防治功能的措施,包括拦挡、边坡防护、防洪排导、土地整治等,明确其布设位置、结构类型和规模,提出合理的水土保持监测方法,分析论证水土保持效益	0.240
	B_3 服务效率	C_{31} 服务进度效率	严格控制项目在开展过程中重要控制节点,在合同约定的各项节点时间内完成相应阶段性工作	0.085
		C_{32} 工作要求响应效率	在项目建设管理单位提出某项符合合同约定的工作要求、合理的工作时间要求时,服务单位能够快速响应,并在相应时间要求内完成工作内容,具有即时响应效率	0.085
	B_4 一般性不良行为	C_{41} 遵守法规制度情况	有关法律法规、业内有关规章制度是规模以下项目开展的红线,服务单位必须严格遵守有关法规制度,坚决杜绝产生违法乱纪、违反行业有关规定的非法行为	0.073
		C_{42} 安全生产情况	严格按照安全生产有关要求落实工作,坚决杜绝产生安全生产事故	0.086
		C_{43} 廉洁清正工作作风情况	严格遵守廉洁纪律要求,不通过违反有关廉洁纪律规定的手段方法争取项目、推动质量低下的成果蒙混过关等	0.062

(十一)航道通航条件影响评价项目专业库评价指标体系

一级评价指标	二级评价指标	三级评价指标	指标评定具体内容	权重
A 履约评价总体结论	B_1 服务态度	C_{11} 人员设备配备情况	为项目配置符合合同约定的、满足项目顺利开展需要的技术人员与设施设备,不能频繁更换或未经批准擅自更换,严格按照业主要求增加工作人员或更换不称职人员	0.036
		C_{12} 严格落实工作要求	落实项目建设管理单位的有关工作指示要求,能切实落实到工作成果中	0.043
		C_{13} 服务态度勤恳扎实	服务单位在与建设管理单位沟通交流、推进项目中,没有敷衍塞责、推脱扯皮、胡乱蒙混等恶劣态度情况	0.051
	B_2 服务质量	C_{21} 航道通航条件影响分析科学合理	分析拟建项目所在河段、湖区、海域的自然条件、水上水下设施、航道与通航安全状况,合理开展市政交通建设项目的选址分析、河床演变分析,路政设计通航水位确定情况,对桥跨布置方案、墩柱防撞标准等进行合理分析	0.322
		C_{22} 航道通航条件保持措施得当可行	论证提出减小或者消除对航道通航条件影响的措施,提出合理、可行的航道与通航安全保障措施	0.158
	B_3 服务效率	C_{31} 服务进度效率	严格控制项目在开展过程中重要控制节点,在合同约定的各项节点时间内完成相应阶段性工作	0.085
		C_{32} 工作要求响应效率	在项目建设管理单位提出某项符合合同约定的工作要求、合理的工作时间要求时,服务单位能够快速响应,并在相应时间要求内完成工作内容,具有即时响应效率	0.085
	B_4 一般性不良行为	C_{41} 遵守法规制度情况	有关法律法规、业内有关规章制度是规模以下项目开展的红线,服务单位必须严格遵守有关法规制度,坚决杜绝产生违法乱纪、违反行业有关规定的非法行为	0.073
		C_{42} 安全生产情况	严格按照安全生产有关要求落实工作,坚决杜绝产生安全生产事故	0.086
		C_{43} 廉洁清正工作作风情况	严格遵守廉洁纪律要求,不通过违反有关廉洁纪律规定的手段方法争取项目、推动质量低下的成果蒙混过关等	0.062

(十二)设计前期旧路旧桥检测项目专业库评价指标体系

一级评价指标	二级评价指标	三级评价指标	指标评定具体内容	权重
A 履约评价总体结论	B_1 服务态度	C_{11} 人员设备配备情况	为项目配置符合合同约定的、满足项目顺利开展需要的技术人员与设施设备,不能频繁更换或未经批准擅自更换,严格按照业主要求增加工作人员或更换不称职人员	0.036
		C_{12} 严格落实工作要求	落实项目建设管理单位的有关工作指示要求,能切实落实到工作成果中	0.043
		C_{13} 服务态度勤恳扎实	服务单位在与建设管理单位沟通交流、推进项目中,没有敷衍塞责、推脱扯皮、胡乱蒙混等恶劣态度情况	0.051
	B_2 服务质量	C_{21} 检测方法科学合理	在旧路旧桥检测中,选用先进、科学、适用的检测方法,能够便捷、高效地检测出旧路旧桥承载通行能力	0.230
		C_{22} 检测装备先进适用	选用先进、与检测方法相适应的检测装备,对既有旧路旧桥不造成二次损伤	0.158
		C_{23} 检测结果合理可信	提报的检测结果合理可信,能够满足项目建设管理单位决策需要	0.091
	B_3 服务效率	C_{31} 服务进度效率	严格控制项目在开展过程中重要控制节点,在合同约定的各项节点时间内完成相应阶段性工作	0.085
		C_{32} 工作要求响应效率	在项目建设管理单位提出某项符合合同约定的工作要求、合理的工作时间要求时,服务单位能够快速响应,并在相应时间要求内完成工作内容,具有即时响应效率	0.085
	B_4 一般性不良行为	C_{41} 遵守法规制度情况	有关法律法规、业内有关规章制度是规模以下项目开展的红线,服务单位必须严格遵守有关法规制度,坚决杜绝产生违法乱纪、违反行业有关规定的非法行为	0.073
		C_{42} 安全生产情况	严格按照安全生产有关要求落实工作,坚决杜绝产生安全生产事故	0.086
		C_{43} 廉洁清正工作作风情况	严格遵守廉洁纪律要求,不通过违反有关廉洁纪律规定的手段方法争取项目、推动质量低下的成果蒙混过关等	0.062

(十三)控制性详细规划项目专业库评价指标体系

一级评价指标	二级评价指标	三级评价指标	指标评定具体内容	权重
A 履约评价总体结论	B₁ 服务态度	C₁₁ 人员设备配备情况	为项目配置符合合同约定的、满足项目顺利开展需要的技术人员与设施设备,不能频繁更换或未经批准擅自更换,严格按照业主要求增加工作人员或更换不称职人员	0.036
		C₁₂ 严格落实工作要求	落实项目建设管理单位的有关工作指示要求,能切实落实到工作成果中	0.043
		C₁₃ 服务态度勤恳扎实	服务单位在与建设管理单位沟通交流、推进项目中,没有敷衍塞责、推脱扯皮、胡乱蒙混等恶劣态度情况	0.051
	B₂ 服务质量	C₂₁ 规划研究深度	充分掌握现状基础情况,控制性详细规划的研究深度符合国家、行业现行有关规定,对土地使用性质、建筑控制参数等进行深入研究,满足项目建设管理单位管理需要	0.134
		C₂₂ 规划文本成果质量	控制性详细规划文本编制规范,体例设置合理,指标明确,规划图纸规范清晰,不出现文字表述、指标数据等方面的错误,尤其是不能出现数据造假、粗劣抄袭等方面的严重错误	0.211
		C₂₃ 验收通过情况	控制性详细规划成果顺利通过项目建设管理单位组织开展的各项内部审查会议、政府管理部门组织的验收审查会议,不能出现因研究不充分等问题致使未能通过评审的情况	0.134
	B₃ 服务效率	C₃₁ 服务进度效率	严格控制项目在开展过程中重要控制节点,在合同约定的各项节点时间内完成相应阶段性工作	0.085
		C₃₂ 工作要求响应效率	在项目建设管理单位提出某项符合合同约定的工作要求、合理的工作时间要求时,服务单位能够快速响应,并在相应时间要求内完成工作内容,具有即时响应效率	0.085
	B₄ 一般性不良行为	C₄₁ 遵守法规制度情况	有关法律法规、业内有关规章制度是规模以下项目开展的红线,服务单位必须严格遵守有关法规制度,坚决杜绝产生违法乱纪、违反行业有关规定的非法行为	0.073
		C₄₂ 安全生产情况	严格按照安全生产有关要求落实工作,坚决杜绝产生安全生产事故	0.086
		C₄₃ 廉洁清正工作作风情况	严格遵守廉洁纪律要求,不通过违反有关廉洁纪律规定的手段方法争取项目、推动质量低下的成果蒙混过关等	0.062

(十四)地铁隧道下穿既有建筑物安全性评估项目专业库评价指标体系

一级评价指标	二级评价指标	三级评价指标	指标评定具体内容	权重
A 履约评价总体结论	B₁ 服务态度	C_{11} 人员设备配备情况	为项目配置符合合同约定的、满足项目顺利开展需要的技术人员与设施设备,不能频繁更换或未经批准擅自更换,严格按照业主要求增加工作人员或更换不称职人员	0.036
		C_{12} 严格落实工作要求	落实项目建设管理单位的有关工作指示要求,能切实落实到工作成果中	0.043
		C_{13} 服务态度勤恳扎实	服务单位在与建设管理单位沟通交流、推进项目中,没有敷衍塞责、推脱扯皮、胡乱蒙混等恶劣态度情况	0.051
	B₂ 服务质量	C_{21} 评估方法科学合理	全面调研地面建筑分布情况、场地地质条件、水文地质、隧道埋深、与建筑物的位置关系等,分析地铁施工开挖等各种工况下对既有建筑的安全性影响,综合运用评估模型、有限元分析软件等工具进行深入科学、深入分析	0.120
		C_{22} 评估结论合理可信	提出的地铁隧道下穿既有建筑物安全性评估结论,能够为建设管理单位决策提供科学依据	0.240
		C_{23} 改善措施合理可行	针对安全性评估中分析出来的可能性风险隐患、评估结论,提出针对性、有效改善安全性能的工程技术与管理等措施	0.120
	B₃ 服务效率	C_{31} 服务进度效率	严格控制项目在开展过程中重要控制节点,在合同约定的各项节点时间内完成相应阶段性工作	0.085
		C_{32} 工作要求响应效率	在项目建设管理单位提出某项符合合同约定的工作要求、合理的工作时间要求时,服务单位能够快速响应,并在相应时间要求内完成工作内容,具有即时响应效率	0.085
	B₄ 一般性不良行为	C_{41} 遵守法规制度情况	有关法律法规、业内有关规章制度是规模以下项目开展的红线,服务单位必须严格遵守有关法规制度,坚决杜绝产生违法乱纪、违反行业有关规定的非法行为	0.073
		C_{42} 安全生产情况	严格按照安全生产有关要求落实工作,坚决杜绝产生安全生产事故	0.086
		C_{43} 廉洁清正工作作风情况	严格遵守廉洁纪律要求,不通过违反有关廉洁纪律规定的手段方法争取项目、推动质量低下的成果蒙混过关等	0.062

(十五)施工环保验收报告编制项目专业库评价指标体系

一级评价指标	二级评价指标	三级评价指标	指标评定具体内容	权重
A 履约评价总体结论	B_1 服务态度	C_{11} 人员设备配备情况	为项目配置符合合同约定的、满足项目顺利开展需要的技术人员与设施设备,不能频繁更换或未经批准擅自更换,严格按照业主要求增加工作人员或更换不称职人员	0.036
		C_{12} 严格落实工作要求	落实项目建设管理单位的有关工作指示要求,能切实落实到工作成果中	0.043
		C_{13} 服务态度勤恳扎实	服务单位在与建设管理单位沟通交流、推进项目中,没有敷衍塞责、推脱扯皮、胡乱蒙混等恶劣态度情况	0.051
	B_2 服务质量	C_{21} 评价基础资料掌握情况	全面掌握市政交通建设项目环境影响评价基础资料,包括项目环境影响报告、环评报告批复、有关环境影响监测报告、环境保护工程及措施的落实情况等	0.082
		C_{22} 环境影响验收方法科学合理	对已建市政交通建设项目竣工后所产生的各种环境污染和生态环境破坏,采用的各项配套环境保护设施建设情况、环境保护效果发挥情况等,选用客观合理的评估方法,而不能简单、主观、直观判断	0.178
		C_{23} 环境影响验收结论合理可信	对所建市政交通建设项目环境保护竣工验收进行深入总结分析,提出的验收结论合理、可信,能够为项目验收提供科学依据	0.221
	B_3 服务效率	C_{31} 服务进度效率	严格控制项目在开展过程中重要控制节点,在合同约定的各项节点时间内完成相应阶段性工作	0.085
		C_{32} 工作要求响应效率	在项目建设管理单位提出某项符合合同约定的工作要求、合理的工作时间要求时,服务单位能够快速响应,并在相应时间要求内完成工作内容,具有即时响应效率	0.085
	B_4 一般性不良行为	C_{41} 遵守法规制度情况	有关法律法规、业内有关规章制度是规模以下项目开展的红线,服务单位必须严格遵守有关法规制度,坚决杜绝产生违法乱纪、违反行业有关规定的非法行为	0.073
		C_{42} 安全生产情况	严格按照安全生产有关要求落实工作,坚决杜绝产生安全生产事故	0.086
		C_{43} 廉洁清正工作作风情况	严格遵守廉洁纪律要求,不通过违反有关廉洁纪律规定的手段方法争取项目、推动质量低下的成果蒙混过关等	0.062

(十六)水土保持监测项目专业库评价指标体系

一级评价指标	二级评价指标	三级评价指标	指标评定具体内容	权重
A 履约评价总体结论	B_1 服务态度	C_{11} 人员设备配备情况	为项目配置符合合同约定的、满足项目顺利开展需要的技术人员与设施设备,不能频繁更换或未经批准擅自更换,严格按照业主要求增加工作人员或更换不称职人员	0.036
		C_{12} 严格落实工作要求	落实项目建设管理单位的有关工作指示要求,能切实落实到工作成果中	0.043
		C_{13} 服务态度勤恳扎实	服务单位在与建设管理单位沟通交流、推进项目中,没有敷衍塞责、推脱扯皮、胡乱蒙混等恶劣态度情况	0.051
	B_2 服务质量	C_{21} 监测方案科学合理	合理布设水土保持监测点,监测频率能够满足规定要求,监测方案能顺利通过环保主管部门备案	0.178
		C_{22} 监测过程规范	在水土保持监测过程中按照有关标准实施,做到规范、合理	0.082
		C_{23} 监测成果全面完整	要求服务单位完成全面、完整的水土保持监测成果文件,监测数据完整,监测图纸资料齐备,按要求完成监测文件归档工作。监测中期报告、最终报告符合水土保持验收的有关规定要求	0.221
	B_3 服务效率	C_{31} 服务进度效率	严格控制项目在开展过程中重要控制节点,在合同约定的各项节点时间内完成相应阶段性工作	0.085
		C_{32} 工作要求响应效率	在项目建设管理单位提出某项符合合同约定的工作要求、合理的工作时间要求时,服务单位能够快速响应,并在相应时间要求内完成工作内容,具有即时响应效率	0.085
	B_4 一般性不良行为	C_{41} 遵守法规制度情况	有关法律法规、业内有关规章制度是规模以下项目开展的红线,服务单位必须严格遵守有关法规制度,坚决杜绝产生违法乱纪、违反行业有关规定的非法行为	0.073
		C_{42} 安全生产情况	严格按照安全生产有关要求落实工作,坚决杜绝产生安全生产事故	0.086
		C_{43} 廉洁清正工作作风情况	严格遵守廉洁纪律要求,不通过违反有关廉洁纪律规定的手段方法争取项目、推动质量低下的成果蒙混过关等	0.062

(十七)工程实体质量监测抽测专业库评价指标体系

一级评价指标	二级评价指标	三级评价指标	指标评定具体内容	权重
A 履约评价总体结论	B_1 服务态度	C_{11} 人员设备配备情况	为项目配置符合合同约定的、满足项目顺利开展需要的技术人员与设施设备,不能频繁更换或未经批准擅自更换,严格按照业主要求增加工作人员或更换不称职人员	0.036
		C_{12} 严格落实工作要求	落实项目建设管理单位的有关工作指示要求,能切实落实到工作成果中	0.043
		C_{13} 服务态度勤恳扎实	服务单位在与建设管理单位沟通交流、推进项目中,没有敷衍塞责、推脱扯皮、胡乱蒙混等恶劣态度情况	0.051
	B_2 服务质量	C_{21} 监测抽测工作符合要求	工程实体质量监测抽测的主要项目符合要求,工程质量监测抽测频率满足规定要求,监测抽测方法与设施装备选用得当	0.240
		C_{22} 监测抽测结论客观合理	工程实体质量监测抽测的结论能够为项目建设管理单位提供有力依据,满足主管部门有关工程质量管理的有关规定	0.240
	B_3 服务效率	C_{31} 服务进度效率	严格控制项目在开展过程中重要控制节点,在合同约定的各项节点时间内完成相应阶段性工作	0.085
		C_{32} 工作要求响应效率	在项目建设管理单位提出某项符合合同约定的工作要求、合理的工作时间要求时,服务单位能够快速响应,并在相应时间要求内完成工作内容,具有即时响应效率	0.085
	B_4 一般性不良行为	C_{41} 遵守法规制度情况	有关法律法规、业内有关规章制度是规模以下项目开展的红线,服务单位必须严格遵守有关法规制度,坚决杜绝产生违法乱纪、违反行业有关规定的非法行为	0.073
		C_{42} 安全生产情况	严格按照安全生产有关要求落实工作,坚决杜绝产生安全生产事故	0.086
		C_{43} 廉洁清正工作作风情况	严格遵守廉洁纪律要求,不通过违反有关廉洁纪律规定的手段方法争取项目、推动质量低下的成果蒙混过关等	0.062

(十八)工程质量常规检测专业库评价指标体系

一级评价指标	二级评价指标	三级评价指标	指标评定具体内容	权重
A 履约评价总体结论	B_1 服务态度	C_{11} 人员设备配备情况	为项目配置符合合同约定的、满足项目顺利开展需要的技术人员与设施设备,不能频繁更换或未经批准擅自更换,严格按照业主要求增加工作人员或更换不称职人员	0.036
		C_{12} 严格落实工作要求	落实项目建设管理单位的有关工作指示要求,能切实落实到工作成果中	0.043
		C_{13} 服务态度勤恳扎实	服务单位在与建设管理单位沟通交流、推进项目中,没有敷衍塞责、推脱扯皮、胡乱蒙混等恶劣态度情况	0.051
	B_2 服务质量	C_{21} 检测工作科学规范	严格执行有关工程建设标准和国家有关规定,在建设单位或者工程监理单位监督下现场取样。提供质量检测试样的单位和个人,应当对试样的真实性负责。严格将检测过程中发现的建设单位、监理单位、施工单位违反有关法律、法规和工程建设强制性标准的情况,以及涉及结构安全检测结果的不合格情况,及时报告工程所在地建设主管部门	0.134
		C_{22} 检测内容与方法符合要求	检测内容包括水泥物理力学性能检验、钢筋力学性能检验、砂石常规检验、混凝土及砂浆强度检验、预应力钢绞线与锚夹具检验、沥青及沥青混合料检验。各项检测方法与检测工具装备选择合理、得当	0.211
		C_{23} 检测结论客观合理	工作质量常规检测的结论能够为项目建设管理单位提供有力依据,满足主管部门有关工程质量管理的有关规定	0.134
	B_3 服务效率	C_{31} 服务进度效率	严格控制项目在开展过程中重要控制节点,在合同约定的各节点时间内完成相应阶段性工作	0.085
		C_{32} 工作要求响应效率	在项目建设管理单位提出某项符合合同约定的工作要求、合理的工作时间要求时,服务单位能够快速响应,并在相应时间要求内完成工作内容,具有即时响应效率	0.085
	B_4 一般性不良行为	C_{41} 遵守法规制度情况	有关法律法规、业内有关规章制度是规模以下项目开展的红线,服务单位必须严格遵守有关法规制度,坚决杜绝产生违法乱纪、违反行业有关规定的非法行为	0.073
		C_{42} 安全生产情况	严格按照安全生产有关要求落实工作,坚决杜绝产生安全生产事故	0.086
		C_{43} 廉洁清正工作作风情况	严格遵守廉洁纪律要求,不通过违反有关廉洁纪律规定的手段方法争取项目,推动质量低下的成果蒙混过关等	0.062

(十九)水土保持评估验收专业库评价指标体系

一级评价指标	二级评价指标	三级评价指标	指标评定具体内容	权重
A 履约评价总体结论	B_1 服务态度	C_{11} 人员设备配备情况	为项目配置符合合同约定的、满足项目顺利开展需要的技术人员与设施设备,不能频繁更换或未经批准擅自更换,严格按照业主要求增加工作人员或更换不称职人员	0.036
		C_{12} 严格落实工作要求	落实项目建设管理单位的有关工作指示要求,能切实落实到工作成果中	0.043
		C_{13} 服务态度勤恳扎实	服务单位在与建设管理单位沟通交流、推进项目中,没有敷衍塞责、推脱扯皮、胡乱蒙混等恶劣态度情况	0.051
	B_2 服务质量	C_{21} 基础资料掌握情况	全面掌握市政交通建设项目水土保持基础资料,包括水土保持方案报告、环评报告及批复,水土保持工程设计及有关变更资料,水土保持施工、监理、竣工验收材料等	0.082
		C_{22} 水土保持评估方法科学合理	评估内容全面,包括水土流失防治责任范围划定、水土保持措施实施情况评估、水土保持措施质量评估、水土保持监测、水土保持监理等,各项评估方法客观、合理,能有效避免简单分析、主观臆断	0.178
		C_{23} 水土保持评估结论合理可信	对所建市政交通建设项目水土保持情况进行深入总结分析,提出的验收结论合理、可信,能够为项目验收提供科学依据	0.221
	B_3 服务效率	C_{31} 服务进度效率	严格控制项目在开展过程中重要控制节点,在合同约定的各项节点时间内完成相应阶段性工作	0.085
		C_{32} 工作要求响应效率	在项目建设管理单位提出某项符合合同约定的工作要求、合理的工作时间要求时,服务单位能够快速响应,并在相应时间要求内完成工作内容,具有即时响应效率	0.085
	B_4 一般性不良行为	C_{41} 遵守法规制度情况	有关法律法规、业内有关规章制度是规模以下项目开展的红线,服务单位必须严格遵守有关法规制度,坚决杜绝产生违法乱纪、违反行业有关规定的非法行为	0.073
		C_{42} 安全生产情况	严格按照安全生产有关要求落实工作,坚决杜绝产生安全生产事故	0.086
		C_{43} 廉洁清正工作作风情况	严格遵守廉洁纪律要求,不通过违反有关廉洁纪律规定的手段方法争取项目、推动质量低下的成果蒙混过关等	0.062

(二十)第三方高支模及基坑监测专业库评价指标体系

一级评价指标	二级评价指标	三级评价指标	指标评定具体内容	权重
A 履约评价总体结论	B_1 服务态度	C_{11} 人员设备配备情况	为项目配置符合合同约定的、满足项目顺利开展需要的技术人员与设施设备,不能频繁更换或未经批准擅自更换,严格按照业主要求增加工作人员或更换不称职人员	0.036
		C_{12} 严格落实工作要求	落实项目建设管理单位的有关工作指示要求,能切实落实到工作成果中	0.043
		C_{13} 服务态度勤恳扎实	服务单位在与建设管理单位沟通交流、推进项目中,没有敷衍塞责、推脱扯皮、胡乱蒙混等恶劣态度情况	0.051
	B_2 服务质量	C_{21} 监测方案科学合理	设计的监测方案科学,能够全面涵盖监测内容、满足施工需求,包括支护结构顶部水平位移、道路沉降、坑边地面沉降、支护结构深部水平位移、锚杆拉力、挡土构件、地下水位情况等;监测方法合理,监测点布设合理、完善,监测预警值设置合理、监测周期符合时机需要。	0.154
		C_{22} 监测设备先进适用	根据监测方案和实际需要,选择技术先进、功能适用的各类型监测设备	0.110
		C_{23} 监测过程规范	在高支模及基坑监测过程中,严格按照有关标准实施,做到规范、合理	0.125
		C_{24} 监测成果全面完整	完成全面、完整的监测成果文件,监测数据完整,监测图纸资料齐备,按要求完成监测文件归档工作	0.091
	B_3 服务效率	C_{31} 服务进度效率	严格控制项目在开展过程中重要控制节点,在合同约定的各项节点时间内完成相应阶段性工作	0.085
		C_{32} 工作要求响应效率	在项目建设管理单位提出某项符合合同约定的工作要求、合理的工作时间要求时,服务单位能够快速响应,并在相应时间要求内完成工作内容,具有即时响应效率	0.085
	B_4 一般性不良行为	C_{41} 遵守法规制度情况	有关法律法规、业内有关规章制度是规模以下项目开展的红线,服务单位必须严格遵守有关法规制度,坚决杜绝产生违法乱纪、违反行业有关规定的非法行为	0.073
		C_{42} 安全生产情况	严格按照安全生产有关要求落实工作,坚决杜绝产生安全生产事故	0.086
		C_{43} 廉洁清正工作作风情况	严格遵守廉洁纪律要求,不通过违反有关廉洁纪律规定的手段方法争取项目,推动质量低下的成果蒙混过关等	0.062

(二十一)涉地铁及高速公路等监测监控专业库评价指标体系

一级评价指标	二级评价指标	三级评价指标	指标评定具体内容	权重
A 履约评价总体结论	B_1 服务态度	C_{11} 人员设备配备情况	为项目配置符合合同约定的、满足项目顺利开展需要的技术人员与设施设备,不能频繁更换或未经批准擅自更换,严格按照业主要求增加工作人员或更换不称职人员	0.036
		C_{12} 严格落实工作要求	落实项目建设管理单位的有关工作指示要求,能切实落实到工作成果中	0.043
		C_{13} 服务态度勤恳扎实	服务单位在与建设管理单位沟通交流、推进项目中,没有敷衍塞责、推脱扯皮、胡乱蒙混等恶劣态度情况	0.051
	B_2 服务质量	C_{21} 监测监控方案科学合理	合理设计监测监控方案,监测监控布设点设置合理,监测监控频率能够满足规定要求,能够及时、准确反映在建项目对既有地铁、高速公路在沉降变形等方面的影响	0.178
		C_{22} 监测监控过程规范	在涉地铁及高速公路等监测监控过程中,严格按照有关标准实施,做到规范、合理	0.082
		C_{23} 监测监控成果全面完整	完成全面、完整的监测监控成果文件,监测监控数据完整,按要求完成监测监控文件归档工作	0.221
	B_3 服务效率	C_{31} 服务进度效率	严格控制项目在开展过程中重要控制节点,在合同约定的各项节点时间内完成相应阶段性工作	0.085
		C_{32} 工作要求响应效率	在项目建设管理单位提出某项符合合同约定的工作要求、合理的工作时间要求时,服务单位能够快速响应,并在相应时间要求内完成工作内容,具有即时响应效率	0.085
	B_4 一般性不良行为	C_{41} 遵守法规制度情况	有关法律法规、业内有关规章制度是规模以下项目开展的红线,服务单位必须严格遵守有关法规制度,坚决杜绝产生违法乱纪、违反行业有关规定的非法行为	0.073
		C_{42} 安全生产情况	严格按照安全生产有关要求落实工作,坚决杜绝产生安全生产事故	0.086
		C_{43} 廉洁清正工作作风情况	严格遵守廉洁纪律要求,不通过违反有关廉洁纪律规定的手段方法争取项目、推动质量低下的成果蒙混过关等	0.062

(二十二)质量安全鉴定专业库评价指标体系

一级评价指标	二级评价指标	三级评价指标	指标评定具体内容	权重
A 履约评价总体结论	B_1 服务态度	C_{11} 人员设备配备情况	为项目配置符合合同约定的、满足项目顺利开展需要的技术人员与设施设备,不能频繁更换或未经批准擅自更换,严格按照业主要求增加工作人员或更换不称职人员	0.036
		C_{12} 严格落实工作要求	落实项目建设管理单位的有关工作指示要求,能切实落实到工作成果中	0.043
		C_{13} 服务态度勤恳扎实	服务单位在与建设管理单位沟通交流、推进项目中,没有敷衍塞责、推脱扯皮、胡乱蒙混等恶劣态度情况	0.051
	B_2 服务质量	C_{21} 质量安全鉴定方案科学合理	合理设计质量安全鉴定技术方案,符合有关规范标准要求,能够全面、准确鉴定评估对象质量安全性能,满足建设管理单位对于后续开通运营等决策的支撑需要	0.134
		C_{22} 鉴定过程规范	在评估鉴定过程中,严格按照有关标准实施,做到规范、合理	0.211
		C_{23} 质量安全鉴定成果全面完整	完成全面、完整的质量安全鉴定成果文件,鉴定结论真实可信,按要求完成质量安全鉴定成果文件的归档工作	0.134
	B_3 服务效率	C_{31} 服务进度效率	严格控制项目在开展过程中重要控制节点,在合同约定的各项节点时间内完成相应阶段性工作	0.085
		C_{32} 工作要求响应效率	在项目建设管理单位提出某项符合合同约定的工作要求、合理的工作时间要求时,服务单位能够快速响应,并在相应时间要求内完成工作内容,具有即时响应效率	0.085
	B_4 一般性不良行为	C_{41} 遵守法规制度情况	有关法律法规、业内有关规章制度是规模以下项目开展的红线,服务单位必须严格遵守有关法规制度,坚决杜绝产生违法乱纪、违反行业有关规定的非法行为	0.073
		C_{42} 安全生产情况	严格按照安全生产有关要求落实工作,坚决杜绝产生安全生产事故	0.086
		C_{43} 廉洁清正工作作风情况	严格遵守廉洁纪律要求,不通过违反有关廉洁纪律规定的手段方法争取项目、推动质量低下的成果蒙混过关等	0.062

(二十三)环境保护监测专业库评价指标体系

一级评价指标	二级评价指标	三级评价指标	指标评定具体内容	权重
A 履约评价总体结论	B_1 服务态度	C_{11} 人员设备配备情况	为项目配置符合合同约定的、满足项目顺利开展需要的技术人员与设施设备,不能频繁更换或未经批准擅自更换,严格按照业主要求增加工作人员或更换不称职人员	0.036
		C_{12} 严格落实工作要求	落实项目建设管理单位的有关工作指示要求,能切实落实到工作成果中	0.043
		C_{13} 服务态度勤恳扎实	服务单位在与建设管理单位沟通交流、推进项目中,没有敷衍塞责、推脱扯皮、胡乱蒙混等恶劣态度情况	0.051
	B_2 服务质量	C_{21} 监测方案科学合理	根据所在区域的环境敏感因素、工程建设项目可能产生的各种环境影响,合理设计环境保护监测方案,合理布设监测点,按要求确定监测频率	0.134
		C_{22} 鉴定过程规范	在环境保护监测过程中按照有关标准实施,做到规范、合理	0.211
		C_{23} 质量安全鉴定成果全面完整	完成全面、完整的环境保护监测成果文件,监测数据完整,能够按要求完成监测文件归档工作	0.134
	B_3 服务效率	C_{31} 服务进度效率	严格控制项目在开展过程中重要控制节点,在合同约定的各项节点时间内完成相应阶段性工作	0.085
		C_{32} 工作要求响应效率	在项目建设管理单位提出某项符合合同约定的工作要求、合理的工作时间要求时,服务单位能够快速响应,并在相应时间要求内完成工作内容,具有即时响应效率	0.085
	B_4 一般性不良行为	C_{41} 遵守法规制度情况	有关法律法规、业内有关规章制度是规模以下项目开展的红线,服务单位必须严格遵守有关法规制度,坚决杜绝产生违法乱纪、违反行业有关规定的非法行为	0.073
		C_{42} 安全生产情况	严格按照安全生产有关要求落实工作,坚决杜绝产生安全生产事故	0.086
		C_{43} 廉洁清正工作作风情况	严格遵守廉洁纪律要求,不通过违反有关廉洁纪律规定的手段方法争取项目、推动质量低下的成果蒙混过关等	0.062

(二十四)工程造价咨询专业库评价指标体系

一级评价指标	二级评价指标	三级评价指标	指标评定具体内容	权重
A 履约评价总体结论	B_1 服务态度	C_{11} 人员设备配备情况	为项目配置符合合同约定的、满足项目顺利开展需要的技术人员与设施设备,不能频繁更换或未经批准擅自更换,严格按照业主要求增加工作人员或更换不称职人员	0.036
		C_{12} 严格落实工作要求	落实项目建设管理单位的有关工作指示要求,能切实落实到工作成果中	0.043
		C_{13} 服务态度勤恳扎实	服务单位在与建设管理单位沟通交流、推进项目中,没有敷衍塞责、推脱扯皮、胡乱蒙混等恶劣态度情况	0.051
	B_2 服务质量	C_{21} 研究深度	充分掌握现状基础情况,研究深度符合国家、行业现行有关规定,对造价控制情况进行深入研究,满足项目建设管理单位管理需要	0.240
		C_{22} 咨询报告质量	咨询报告文本编制规范,体例设置合理,数值明确,表述清晰,不出现文字表述、数据失准等方面的错误,尤其是不能出现数据造假、粗劣抄袭等方面的严重错误	0.240
	B_3 服务效率	C_{31} 服务进度效率	严格控制项目在开展过程中重要控制节点,在合同约定的各项节点时间内完成相应阶段性工作	0.085
		C_{32} 工作要求响应效率	在项目建设管理单位提出某项符合合同约定的工作要求、合理的工作时间要求时,服务单位能够快速响应,并在相应时间要求内完成工作内容,具有即时响应效率	0.085
	B_4 一般性不良行为	C_{41} 遵守法规制度情况	有关法律法规、业内有关规章制度是规模以下项目开展的红线,服务单位必须严格遵守有关法规制度,坚决杜绝产生违法乱纪、违反行业有关规定的非法行为	0.073
		C_{42} 安全生产情况	严格按照安全生产有关要求落实工作,坚决杜绝产生安全生产事故	0.086
		C_{43} 廉洁清正工作作风情况	严格遵守廉洁纪律要求,不通过违反有关廉洁纪律规定的手段方法争取项目、推动质量低下的成果蒙混过关等	0.062

(二十五)招标代理专业库评价指标体系

一级评价指标	二级评价指标	三级评价指标	指标评定具体内容	权重
A 履约评价总体结论	B_1 服务态度	C_{11} 人员设备配备情况	为项目配置符合合同约定的、满足项目顺利开展需要的技术人员与设施设备,不能频繁更换或未经批准擅自更换,严格按照业主要求增加工作人员或更换不称职人员	0.036
		C_{12} 严格落实工作要求	落实项目建设管理单位的有关工作指示要求,能切实落实到工作成果中	0.043
		C_{13} 服务态度勤恳扎实	服务单位在与建设管理单位沟通交流、推进项目中,没有敷衍塞责、推脱扯皮、胡乱蒙混等恶劣态度情况	0.051
	B_2 服务质量	C_{21} 准确理解把握招投标政策	准确理解把握政策文件,合理设置招标资格条件和业绩要求,能够对招标文件中易被投诉风险点进行排查和制定应对预案	0.106
		C_{22} 招标文件编制质量	招标文件编制严格符合有关法规与规章要求,杜绝因与图纸及预算清单对照审核过程不仔细导致工程量清单中出现明显错漏等问题	0.211
		C_{23} 招标过程情况	招标评标各工作环节均严格遵照有关法规及规章要求。在开评标环节中认真核对招标文件规定的废标条件,尽到注意、提醒义务。未经招标人审定,禁止对外报出或发放招标相关文件及资料	0.211
	B_3 服务效率	C_{31} 服务进度效率	严格控制项目在开展过程中重要控制节点,在合同约定的各项节点时间内完成相应阶段性工作	0.085
		C_{32} 工作要求响应效率	在项目建设管理单位提出某项符合合同约定的工作要求、合理的工作时间要求时,服务单位能够快速响应,并在相应时间要求内完成工作内容,具有即时响应效率	0.085
	B_4 一般性不良行为	C_{41} 遵守法规制度情况	有关法律法规、业内有关规章制度是规模以下项目开展的红线,服务单位必须严格遵守有关法规制度,坚决杜绝产生违法乱纪、违反行业有关规定的非法行为	0.073
		C_{42} 安全生产情况	严格按照安全生产有关要求落实工作,坚决杜绝产生安全生产事故	0.086
		C_{43} 廉洁清正工作作风情况	严格遵守廉洁纪律要求,不通过违反有关廉洁纪律规定的手段方法争取项目、推动质量低下的成果蒙混过关等	0.062

(二十六)工程地质勘察专业库评价指标体系

一级评价指标	二级评价指标	三级评价指标	指标评定具体内容	权重
A 履约评价总体结论	B_1 服务态度	C_{11} 人员设备配备情况	为项目配置符合合同约定的、满足项目顺利开展需要的技术人员与设施设备,不能频繁更换或未经批准擅自更换,严格按照业主要求增加工作人员或更换不称职人员	0.036
		C_{12} 严格落实工作要求	落实项目建设管理单位的有关工作指示要求,能切实落实到工作成果中	0.043
		C_{13} 服务态度勤恳扎实	服务单位在与建设管理单位沟通交流、推进项目中,没有敷衍塞责、推脱扯皮、胡乱蒙混等恶劣态度情况	0.051
	B_2 服务质量	C_{21} 勘察方案制定情况	方案编制前进行现场踏勘和摸查,编制勘察大纲(含勘察方案),在勘察阶段根据条件变化及时调整勘察大纲。根据业主要求的岩土工程勘察大纲模板、市政工程勘察管理工作指引,以及稳定设计方案进行勘察大纲编制	0.125
		C_{22} 勘察工作过程情况	严格按照勘察大纲进行勘察作业。对于需占用道路、水域的,或需占用堤岸、管线、地铁、铁路等保护范围的,及时办理相关审批手续。按相关规定落实现场安全文明施工措施。钻孔数量和深度满足勘察大纲和规范要求	0.110
		C_{23} 勘察成果情况	原始记录和取样真实准确、完整,避免存在追记或补记情况。勘察成果资料(含工程测量和物探)编制深度符合规范要求,内容完整。坚决杜绝弄虚作假、提供虚假工程勘察资料。提交详勘报告时同步提交岩土工程详勘成果交付表。勘察资料装订完整,不存在漏页漏章现象,提供完整纸版和CAD版(以详勘为例)	0.154
		C_{24} 勘察成果运用方面	对参建各方勘察文件技术交底齐全、重难点突出,对所反映问题均能给予明确答复。及时参与施工验槽、验桩。按业主要求及时到场进行补勘作业	0.091
	B_3 服务效率	C_{31} 服务进度效率	严格控制项目在开展过程中重要控制节点,在合同约定的各项节点时间内完成相应阶段性工作	0.085
		C_{32} 工作要求响应效率	在项目建设管理单位提出某项符合合同约定的工作要求、合理的工作时间要求时,服务单位能够快速响应,并在相应时间要求内完成工作内容,具有即时响应效率	0.085
	B_4 一般性不良行为	C_{41} 遵守法规制度情况	有关法律法规、业内有关规章制度是规模以下项目开展的红线,服务单位必须严格遵守有关法规制度,坚决杜绝产生违法乱纪、违反行业有关规定的非法行为	0.073
		C_{42} 安全生产情况	严格按照安全生产有关要求落实工作,坚决杜绝产生安全生产事故	0.086
		C_{43} 廉洁清正工作作风情况	严格遵守廉洁纪律要求,不通过违反有关廉洁纪律规定的手段方法争取项目、推动质量低下的成果蒙混过关等	0.062

(二十七)工程方案设计专业库评价指标体系

一级评价指标	二级评价指标	三级评价指标	指标评定具体内容	权重
A 履约评价总体结论	B_1 服务态度	C_{11} 人员设备配备情况	为项目配置符合合同约定的、满足项目顺利开展需要的技术人员与设施设备,不能频繁更换或未经批准擅自更换,严格按照业主要求增加工作人员或更换不称职人员	0.036
		C_{12} 严格落实工作要求	落实项目建设管理单位的有关工作指示要求,能切实落实到工作成果中	0.043
		C_{13} 服务态度勤恳扎实	服务单位在与建设管理单位沟通交流、推进项目中,没有敷衍塞责、推脱扯皮、胡乱蒙混等恶劣态度情况	0.051
	B_2 服务质量	C_{21} 设计方案制定	提前踏勘、摸查现场并搜集相关资料,主动与相关单位沟通协调并协助业主取得书面意见,合理纳入相关单位意见,合理界定设计范围和边界,进行设计方案和技术经济比选分析	0.158
		C_{22} 设计成果质量	设计图纸深度满足相关设计阶段要求。杜绝因为设计原因导致设计内容遗漏或设计专业遗漏。吸纳既有航评、环评、防洪、水保等成果资料,落实相关措施。能够一次性通过评审,评审通过后合理纳入相关意见。图纸装订完整,不存在漏页漏章现象,及时提供完整纸版和CAD版图纸	0.322
	B_3 服务效率	C_{31} 服务进度效率	严格控制项目在开展过程中重要控制节点,在合同约定的各项节点时间内完成相应阶段性工作	0.085
		C_{32} 工作要求响应效率	在项目建设管理单位提出某项符合合同约定的工作要求、合理的工作时间要求时,服务单位能够快速响应,并在相应时间要求内完成工作内容,具有即时响应效率	0.085
	B_4 一般性不良行为	C_{41} 遵守法规制度情况	有关法律法规、业内有关规章制度是规模以下项目开展的红线,服务单位必须严格遵守有关法规制度,坚决杜绝产生违法乱纪、违反行业有关规定的非法行为	0.073
		C_{42} 安全生产情况	严格按照安全生产有关要求落实工作,坚决杜绝产生安全生产事故	0.086
		C_{43} 廉洁清正工作作风情况	严格遵守廉洁纪律要求,不通过违反有关廉洁纪律规定的手段方法争取项目,推动质量低下的成果蒙混过关等	0.062

参考文献

[1]潘会祥.建设工程招标投标采用"评定分离"办法的实践——以湖州市大学生创新创业中心招标为例[J].价值工程,2020,39(14):91-93.

[2]钱忠宝.中国招标从来都是评定分离[J].中国招标,2019(44):40-42.

[3]朱平儿."评定分离"制度再思考[J].招标采购管理,2019(8):38-40.

[4]余廷亮.工程项目招标投标中"评定分离"制度的改革与探索[J].建设监理,2019(7):38-40.

[5]胡晖.浅议"评定分离法"在轨道交通工程总承包招标中的应用[J].中国市政工程,2019(3):88-90+141.

[6]陈勃.关于采取"评定分离"方式确定中标人的思考——以江苏省的相关实践为例[J].招标与投标,2018,6(9):34-36.

[7]印朝富."评定分离"需要哪些配套机制[J].施工企业管理,2018(9):63-64.

[8]陈梁.政府采购合同官制度不等于评定分离[N].中国政府采购报,2018-07-17(004).

[9]曾云贤.招标投标中实行"评定分离"引发的思考[J].中国招标,2018(25):19-21.

[10]湖南:建筑工程总承包招投标将推"评定分离"[J].招标与投标,2017(7):26.

[11]孔玥,于子慧.关于深圳市政府采购中心评定分离制度的调研[J].中国政府采购,2016(6):44-47.

[12]叶胜.诚信评价在建设工程招投标中的运用研究[J].重庆建筑,2016,15(2):52-54.

[13]熊秀文,张帆,余廷亮.如何有效防范围标串标——浅谈重庆诚信评价在建设工程招投标领域的应用[J].招标与投标,2013(1):58-60.

[14]汪迎兵,毕金平.政府采购履约验收的同业监督机制:机理及适用[J].江淮论坛,2020(2):126-133.

[15]夏颖哲.建立健全PPP项目绩效管理体系[J].中国财政,2019(24):50-51.

[16]孙颖,刘伊生.我国建筑市场信用评价与工程履约担保耦合关系研究[J].工程管理学报,2019,33(6):1—5.

[17]寿奇晗,郝英君.构建完善我国公路水运工程建设信用管理体系[J].综合运输,2019,41(11):29—33.

[18]毛君豪.PPP项目履约过程中绩效评价体系的完善机制探讨[J].财政监督,2019(22):59—64.

[19]范伟强.标准分在大型项目承包商履约绩效评价中的应用[J].建筑经济,2019,40(10):31—34.

[20]张燕飞.安全生产责任制清单化履约评价体系探索[N].东方烟草报,2019-08-29(003).

[21]杨川陵.基于FAHP的高速公路机电工程施工履约风险综合评价[J].黑龙江交通科技,2019,42(7):196—198.

[22]薛莲莲.工程项目质量管理评价研究[D].西安:西安理工大学,2019.

[23]王玉.基于变权模糊模型的EPC项目投标风险评价研究[D].北京:北京建筑大学,2019.

[24]李静.平衡计分卡在ZJ建筑公司绩效评价中的应用研究[D].太原:太原理工大学,2019.

[25]杨佳兴.基于绩效评价的建筑工程专业分包商选择研究[D].西安:西安建筑科技大学,2019.

[26]陈蕾.基于第三方的房地产开发企业信用评价研究[D].福州:福建工程学院,2019.

[27]梅青青.论建设工程项目"最低价中标法"的法律控制[D].合肥:安徽大学,2019.

[28]方德标.建设工程施工实行履约评价的意义及可行性[J].企业改革与管理,2019(6):221—222.

[29]李德华,陈维琳.政府采购合同履约追溯体系的构建[J].中国政府采购,2019(2):40—42.

[30]吴凯,查瑞翔.建筑企业诚信建设对策研究[J].工程技术研究,2020,5(7):259—260.

[31]韩自力,魏凯.集体企业分包商诚信评价体系创建[J].中国电力企业管理,2020(6):44.

[32]王全豹,康雅琼.建筑市场安全诚信建设综合管理体系研究[J].珠江现代建设,

2019(6):34—36.

[33]郑玉洁.广西工程建设标准实施监督信息化建设研究[J].工程建设标准化,2019(8):55—58.

[34]闻柠永.基于信任的工程总承包人选择研究[D].天津:天津理工大学,2019.

[35]林敬茂.项目制度治理与项目质量绩效关系研究[D].杭州:浙江工业大学,2019.

[36]高占须.工程质量检测机构社会责任评价研究[D].石家庄:河北地质大学,2018.

[37]鲁永华.工程项目招标代理咨询服务质量评价体系的构建[J].中国招标,2018(45):19—20.

[38]赵琳.大数据背景下建筑行业信用体系研究[D].北京:北京化工大学,2018.

[39]朱力.浅谈水务建设工程诚信体系建设[J].城市道桥与防洪,2018(8):273—275+29.

[40]铁路路.国际工程承包商的诚信体系建设[J].国际工程与劳务,2018(8):35—36.

[41]高建成,党社昌,程平,党文博,宋兰,魏亮,殷文团.工程建设行业信用体系建设实践[J].国企管理,2018(14):75—85.

[42]许春燕.施工总承包模式下工程项目业主满意度评价研究[D].成都:西华大学,2018.

[43]朱吉双.港口企业信用评价指标体系与评价方法[J].综合运输,2018,40(4):21—25.

[44]李锡保.滁州市公管局完善工程建设项目招标投标机制加强招标投标事中事后监管[J].招标与投标,2018,6(4):63.

[45]杨莹.EPC模式下总承包商成本影响因素分析及评价研究[D].成都:西华大学,2018.

[46]范海燕.启用诚信标对建设工程招投标活动的影响分析——以乌鲁木齐市建设工程招投标活动为例[J].门窗,2017(8):82.

[47]刘兵.做好施工企业信用评价管理工作的几点体会[J].中小企业管理与科技(上旬刊),2017(6):135—137.